KB263967

40일 기쁨훈련

_________________________ 님께

당신의 인생을 바꿔 줄 40일간의 여정에 초대합니다.


_________________________ 드림

#  40일 기쁨훈련

**토미 뉴베리** 지음 | **서진희** 옮김

KOREA.COM

# 기쁨에 담긴 놀라운 비밀

매일매일 절망과 패배의 뉴스들이 온 지구를 덮치곤 한다. 부정적인 소식과 문화 한가운데서 살아가는 사람들은 기쁨보다는 무력감에 젖어 살아가는 경향이 적지 않다. 이는 나를 향한 하나님의 뜻과 계획이 있다는 것을 잊어버린 삶이다. 이 책은 오늘날 그리스도인들이 간과하기 쉬운 기쁨과 감사의 삶을 의지적으로 선택하도록 재촉하고 있다. 어떤 상황에서도 우리를 향한 하나님의 계획을 믿고 자발적으로 기쁨을 누리는 것이 어떤 것인지를 펼쳐 보여 준다.

또한 저자는 독자들이 기쁨으로 가득한 삶을 살아갈 수 있도록 훈련하는 법을 알려 준다. 40일에 걸쳐 식이요법을 실천하듯 쉽고 구체적인 기쁨 훈련법을 적용할 수 있도록 안내한다. 삶의 상황에 따라 나도 모르게 쏟아내는 감정을 좇아가기 바쁜 이들에게 기쁨을 선택하는 법을 일깨워 주고 있는 것이다. 이 책을 통해 기쁘고 감사한 삶을 누릴 수 있는 놀라운 비밀을 만나게 될 것임을 확신하며 강력하게 추천한다.

— **손인웅**, 덕수교회 원로목사

저자는 빌립보서 4장 8절 말씀을 통해 어떻게 비판적이고 기쁨이 없는 생각들을 제어할 수 있는지 아주 핵심적으로 보여 주고 있다. 이 책은 '생각'을 다스릴 것인지 아닌지에 대한 결정권이 우리에게 있고, 올바른 결정이 올바른 삶의 태도를 갖게 한다는 사실을 상기시켜 준다. 도전받을 준비를 하라! 생각에 혁신을 일으키기 원한다면 이 책을 읽으라!

— **재닛 파셜**, 미국의 "신디케이트 토크쇼" 진행자

하나님의 뜻 안에서 진정한 기쁨을 찾는 것에 대해 깊이 다루고 있는 토미 뉴베리의 명저다. 주님께 감사하라. 토미는 이 책을 통해 하나님을 영화롭게 하고 있다.

— **돈 파이퍼**, 뉴욕타임즈 베스트셀러 《천국에서 90분 *90minutes in Heaven*》의 저자

정곡을 찌를 뿐만 아니라 술술 재미있게 읽힌다. 모든 것들을 새로운 각도에서 생각해 보도록 영감을 줄 것이다! 이 책을 읽고 기쁨을 누려라!

— **존 고든**, 베스트셀러 《에너지 버스 *The Energy Bus*》, 《씨드 *The Seed*》의 저자

토미 뉴베리는 6주가 채 안 되는 기간에 우리의 삶을 내부에서 외부에 이르기까지 완전히 바꿀 것이다. 보통 세상에서는 변화를 이루려면 수년이 걸린다. 거기에 비하면 이 책은 말 그대로 하나님이 주신 선물이다.

— **팀 샌더스**, 베스트셀러 《부의 진실 *Today We Are Rich*》의 저자

토미 뉴베리는 이 책에서 '기쁨 경험하기'를 단순화시켰고 또 누구에게나 가능하도록 일반화시켰다. 토미의 게임 플랜을 따르라. 40일 동안 '4:8 원리'대로 살아라. 그러면 변화를 경험하고 깜짝 놀랄 것이다. 그리고 주변 사람들도 우리의 모습을 보고 깜짝 놀랄 것이다!

— **그레그 L. 잰츠**, 《인간이 당면한 전투 *Battles Men Face*》의 저자

# Contents

# 기쁨 넘치는 삶으로 들어가는 40일 프로젝트

어린 시절, 할머니께서 내게 들려 준 성경 말씀이 하나 있다. 그 말씀은 이상하리만치 내 마음에 깊이 새겨졌고 그날 이후 나는 내 앞에 새로운 도전이 펼쳐질 때마다 그 말씀을 계속해서 되새기고 묵상하게 되었다. 1991년, 코치라는 직업 세계에 뛰어든 후로 나는 그 성경 말씀을 나의 고객들과도 나누기 시작했다. 솔직히 그 말씀 앞에서 내가 느끼는 그런 감동과 새로운 의욕을 그들도 경험할지 궁금했기 때문이다.

처음에는 개개인들에게, 그리고 시간이 지나면서 부부나 연인, 가정들과도 이 성경 말씀을 나누었다. 그리고 삶에 기쁨을 가득하게 해 주는 비밀이 과연 신약성경에 실려 있는 이 단순한 성경 구절에 담겨 있는지를 살펴보았다. 놀랍게도 그들이 이 성경 구절을 매일 자신들의 삶에 적용하자 결혼, 자녀 양육뿐만 아니라 삶의 전반에 걸쳐 기쁨이 크게 증가되었다는 고백을 들을 수 있었다.

그렇다! 짐작했겠지만, 내가 사용하는 성경 말씀은 빌립보서 4장 8절이다.

무엇에든지 참되며 무엇에든지 경건하며 무엇에든지 옳으
며 무엇에든지 정결하며 무엇에든지 사랑 받을 만하며 무
엇에든지 칭찬 받을 만하며 무슨 덕이 있든지 무슨 기림이
있든지 이것들을 생각하라

오늘날 우리는 부정적인 헤드라인 뉴스들이 홍수처럼 넘쳐
나는 문화 속에서 살고 있다. 그런 뉴스들은 분초를 다투며 절
망과 패배의 모습들을 온 지구상에 퍼트린다. 전쟁이 일어나고,
아이들이 굶주리며, 비극적인 사고가 일어나고, 부패가 판을 치
며, 가정이 깨지고, 스캔들이 드러나며, 빚이 늘어나고, 폭풍이
덮친다.

이처럼 홍수와 같이 쏟아지는 헤드라인 뉴스들을 매일 접한
결과 우리는 절대로 받아들여서는 안 되는 것을 아무렇지도 않
게 받아들이게 되었다. 그것은 이 세상과 삶과 자신을 아주 패
배주의적으로 바라보는 것이다. 그런데 중요한 문제는 그런 패
배주의적인 관점이 열정적이고 기쁨에 차 있고 믿음으로 사는

모습, 다시 말하면 하나님이 바라는 원래 우리의 모습과는 크게 상반된다는 것이다.

몇 년 전에 나는 어떤 선교사가 YWAM(국제예수전도단) 자금 모금을 위해 열린 행사에서 강의하는 것을 들은 적이 있다. 그때 그녀는 그 누구도 감히 던지기 두려운 질문을 우리에게 했다. "지금 세상에 안 좋은 일이 이렇게 많이 일어나는데 과연 이 세상에 하나님이 계실까요?" 찬물을 끼얹은 듯 그곳에 있는 많은 사람들이 깊은 생각에 잠겼다.

그 순간 나도 모르게 "세상에 이렇게 좋은 일이 많이 일어나는데 과연 이 세상에 하나님이 없을 수 있을까요?"라는 말이 거의 반사적으로 내 입에서 툭 튀어나왔다. 그 순간 나의 반응에 나 자신도 놀랐을 뿐 아니라 그 선교사도 놀랐다. 그런데 내가 그 순간 그렇게 반응할 수 있었던 것은 하나님이 나에게 영감을 주셨기 때문이기도 하지만 할머니가 나를 그렇게 키웠기 때문이라고 확신한다. 그 일이 있은 지 10년 후, 나는 《기쁨 충만한 삶의 비결 4:8 *The 4:8 Principle: The Secret to a Joy-Filled Life*》이라는 책을 썼고 그 과정에서 이 책《40일 기쁨훈련》을 통해 독자들의 인생을 코칭하고 싶다는 강한 동기에 불탔다.

빌립보서 4장 8절을 통해 만들게 된 '4:8 원리'란 어떤 분야에 관심을 가지면 그 분야에 경험도 늘게 된다는 것이다. 우리가 장점, 축복, 목표, 그리고 사랑하는 사람들에게 계속 관심을 집중시키면 더 많은 축복, 더 많은 사랑, 더 많은 성취를 얻게 된다. 이것은 진리 중에서도 매우 강력한 진리다. 세상을 살다 보면 시련과 어려움이 있을 수밖에 없지만 그런 시련과 어려움을 받아들이는 올바른 태도는 어려움을 겪는 과정에서 오히려 하늘 아버지를 영화롭게 하며 또 해결책을 찾고 상처를 줄인다.

나는 이 책을 통해 인생을 살면서 우리가 어떻게 '끊임없는 기쁨'을 누리는 촉매의 역할을 할 수 있는지 보여 줄 것이다. 그러나 미리 경고하건데, 이 책은 대다수의 사람들이 생각하는 그런 방식으로 '생각하기'를 다루는 책이 아니다. 그 점만은 분명하게 짚고 넘어가자. 오히려 이 책은 '생각하기'를 다루되 아주 소수의 사람들이 생각하는 그런 방식으로 다룰 것이다. 기쁨에 찬 이 소수의 사람들에 속하는 것이 당신에게 나름 괜찮은 일로 여겨진다면 이제부터 우리는 서로 힘을 합쳐 소수를 다수로 바꿀 수 있을 것이다.

그렇게 하기 위해 선행되어야 할 것이 있다. 그것은 바로 당신 자신부터 이 40일간의 프로젝트를 시작하는 것이다. 이 책을 통해 한계에 도전하고, 믿음을 새롭게 하라. 그리고 기쁨을 가두는 인생의 모든 가치 없는 것으로부터 멀어지라.

하나님이 당신을 처음 이 땅에 보내려고 했을 때 마음에 계획했던 풍성한 기쁨, 바로 그 기쁨을 회복하도록 나는 이 책 한 장 한 장을 통해 당신의 생각, 말, 행동을 코치할 것이다. 기쁨이 가득하다는 것이 완벽한 삶을 말하지는 않는다. 그것은 지금 당장 무슨 일이 일어나더라도 하나님에게는 나를 위한 선하고 좋은 계획이 있다는 사실을 믿는 것을 의미한다! 그것은 하나님의 약속을 믿는 내면의 믿음이 겉으로 나타나는 것이다.

이 책은 앞으로 남은 인생 동안 '4:8 원리'를 따라 하루하루를 살도록 도와주는 책이다. 물론 4:8 원리를 별 뜻 없이 우발적으로 사용했더라도 좋은 결과를 얻을 것이다. 그런데 진심을 다해 4:8 원리를 삶에 적용하면 그로 인해 돌아올 가치는 두말할 것도 없이 엄청날 것이고 어마어마한 노력을 쏟아부어도 그 노력이 전혀 아깝지 않을 것이다. 적극적인 태도는 항상 좋은 결과를 가져오기 마련이다. 이 40일에 걸친 연습은 4:8 원리를 삶에 실행하기 위한 전략이라고 생각하라. 4:8 원리를 삶에 진지하게 적용하기 시작하는 바로 그때가 당신의 영적 성장과 개인적 발전에 이정표를 그리는 순간이 될 것이다. 그리고 이제부터 당신이 뒤를 돌아볼 일은 절대로 없을 것이다.

# 차근차근 기초부터 기쁨훈련 시작!

나는 이 책에서 4:8 원리의 핵심이 되는 40개의 챕터를 준비했다. 4:8 원리를 쉽게 소화하도록 40개로 구분된 이 챕터들을 하나씩 다루다 보면 이 책에서 전달하려는 아이디어들을 완전히 이해하고 그것을 당신의 것으로 삼을 수 있을 것이다. 40개의 각 챕터에는 그날그날 묵상해 볼 수 있는 중요한 개념들이 나와 있으며 더 나아가 4:8 원리를 자기만의 생각과 가치관으로 발전시키게 해 줄 것이다.

이 책을 적극적인 자세로 읽으라. 눈에 들어오는 대목이나 마음 깊이 와 닿는 부분이 있으면 줄을 치면서 읽으라. 현재 당신의 처지와 딱 들어맞는 내용이 있으면 글 사이 빈 공간에 메모하라. 영감이 떠오른다면 그 영감을 글로 옮겨라. 당신의 영감을 글로 옮겨서 세상에 주는 자기만의 4:8 메시지로 삼으라!

챕터가 끝나면 '생각연습하기' '한 발짝 깊이 들어가기'가 차례로 나온다. 이것은 내가 20년 이상 사람들을 개별적으로 코칭하면서 사용했던 것들을 바탕으로 한 것이다. 이것들은 생각을 날카롭게 갈고닦기 위해, 생각의 맹점에 조명을 비추기 위해, 그리고 훈련을 통해 기쁨을 극대화하기 위해 마음을 준비시키는 방법이다. 시간을 내어 이 방법을 실제로 꾸준히 실행하면서 생각하는 힘을 기르면 당신은 물론 당신과 가까운 관계에 있는 사람들에게도 큰 유익을 줄 것이다.

'한 발짝 깊이 들어가기' 다음에는 '마음에 새기기'가 나오는데 그것은 일상생활에서 4:8 원리를 잊지 않고 계속 붙들고 살도록 도울 것이다. 각 챕터를 끝낸 후에는 '마음에 새기기'를 문자 메시지나 이메일로 자신에게 보내서 언제든지 그 내용을 떠올릴 수 있도록 하라. 예를 들면 나는 스마트폰에 오후 4시 8분으로 알람을 맞춰 놓아 매일 '4:8 원리'를 떠올리도록 해 놓았다.

세계적으로 유명한 야구선수들이 매년 야구 시즌이 되면 다시 기초훈련을 하는 것처럼 당신도 가능한 한 자주 이 책을 통해 기쁨이 넘치는 삶의 기본 원리를 다져 보기를 권한다. 당신의 기쁨은 다른 사람들에게도 축복이다!

— 당신의 코치, **토미 뉴베리**

40일
기쁨훈련

# 생각할 것과
# 생각하지 말 것
## —자유의지의 기쁨

건강한 몸은 에너지를 생산해 낸다. 이와 마찬가지로 건강한 정신은 기쁨을 생산해 낸다. 그러나 그런 일은 우연히 일어나지 않는다. 활력 있는 건강과 넘치는 에너지를 원한다면 잘 먹고 마시는 것이 필요하고, 또 그렇게 해서 얻은 양분을 엉뚱한 곳에 뺏기지 않도록 하는 것이 반드시 필요하다. 살을 빼기 원하거나 근육을 조금 더 키우려고 하는 경우에도 마찬가지다. 목표에 가까이 다가가게 해 주는 음식은 '예스!'라고 말해야 할 것이고 목표에서 멀어지게 하는 음식은 '노!'라고 말해야 할 것이다. 방법은 아주 간단하다. 이것은 먹고 저것은 먹지 않으면 되는 것이다. 말은 쉽다. 그러나 막상 몸매를 가꾸고 싶어

하거나 에너지를 얻고 싶어 하는 사람들이 이것을 항상 지키는 것은 아니다.

기쁨을 향해 나아가는 과정도 이와 마찬가지로 기쁨을 줄어들게 하는 생각들은 떨쳐 버리고, 기쁨을 생산하는 생각들은 붙들려는 굳은 의지를 가지고 시작해야 한다. 간단하게 말하면 정신적인 식단을 바꿔야 한다. 이것들은 생각하고 저것들은 생각하지 말아야 한다. 결국 기쁨은 정서 건강의 본질이며 전부기 때문이다.

많은 사람들이 살을 빼고 싶어 하거나 또는 더 많은 에너지를 갖고 싶어 하면서도 오히려 그와 반대 효과를 주는 음식을 먹고 그런 생활습관에 빠진다. 그 결과 목표를 이루지 못한다. 기쁨을 더 많이 누리려는 목표를 가진 사람들도 같은 문제에 부딪힌다. 그들은 목표와는 정반대가 되는 정신적 음식을 먹는다. 이런 사람들의 경우 자신이 도달하고 싶어 하는 목표와 생활습관이 서로 맞지 않는다.

기쁨은 하나님이 원하시는 바대로 살고, 다른 사람들을 사랑하며, 사람들에게 좋은 영향력을 끼치기 위해 의도적으로 갈고 닦아야 하는 마음의 상태다. 다행스럽게도 기쁨은 물질적인 풍요 등과 같은 외적인 조건에는 영향을 받지 않으며 오히려 정신적인 삶, 즉 내면 상태에 영향을 받는다. 따라서 기쁨은 의외로 아주 단순하게 얻을 수 있다. 비록 쉽지 않지만 말이다. 기쁨을 얻으려면 기쁨을 생산하는 생각들을 끊임없이 하면 된다.

당신은 이미 그렇게 하고 있는가? 가능한 일이기는 한가? 이에 대한 답을 하기에 앞서, 시도해 볼 만한 가치가 있는 몇 가지 방법들은 누구나 쉽게 찾을 수 있으며 '기쁨 충만한 정신을 갖는 것'도 예외가 아니라는 걸 기억하라. 그러나 기쁨을 삶과 행동으로 실행하겠다는 것을 목표로 삼고 그 목표를 향해 활을 쏘는 데는 위험이 따른다. 거기에는 큰 비용이 따르며 게다가 그 비용은 선불제다. 편안한 생각들은 포기해야 한다. 비생산적인 습관들은 반드시 버려야 한다. 변명하려는 습관도 내려놓아야 한다.

무엇을 생각할 것인지 선택할 자유가 우리에게 있고 선택의 여지들이 수천만 개라면 기쁨을 누리기 위해 우리는 어떤 생각들을 더 많이 해야 하고 어떤 생각들을 줄여야 할까? 어떤 생각들이 당신의 영혼에 스트레스를 주는가? 어떤 생각들이 당신의 영혼에 양분과 수분을 공급해 주는가?

우리는 매 순간 의도적으로 이렇게 하기로 결심할 수 있다.

- 그저 그런 생각이 아니라 탁월한 생각하기
- 산만하게가 아니라 집중해서 생각하기
- 구태의연하고 지루한 생각이 아니라 신선하고 활기를 불어넣는 생각하기

- 냉혹한 생각이 아니라 긍휼히 여기는 생각하기
- 상식적인 생각이 아니라 혁신적인 생각하기
- 무정한 생각이 아니라 사랑으로 생각하기
- 소모적인 생각이 아니라 에너지를 불어넣는 생각하기
- 파괴적인 생각이 아니라 건설적인 생각하기
- 상처를 주는 생각이 아니라 도움을 주는 생각하기
- 살찌는 생각이 아니라 건강한 몸을 가꾸려는 생각하기
- 타성에 젖은 생각이 아니라 기회를 포착할 생각하기
- 가지려는 생각이 아니라 베풀려는 생각하기
- 자기중심적인 생각이 아니라 섬기려는 생각하기
- 당연하게 생각하기보다 감사하게 생각하기
- 부족하다는 생각보다 풍성하다고 생각하기
- 책임감 없는 생각이 아니라 책임감을 받아들이려는 생각하기
- 복수하려는 생각이 아니라 화해하려는 생각하기
- 인기에 영합하려는 생각이 아니라 원칙에 따라 생각하기
- 패배주의적인 생각이 아니라 승리에 찬 생각하기
- 현실적인 문제만 생각할 것이 아니라 하나님의 약속을 생각하기

내가 무엇을 원하지 않는지가 아니라 무엇을 원하는지 생각하라. 기쁨으로 가득 찬 삶을 사는 데 왜 이런 것들이 요구되는 걸까? 간단하게 말하면 우리는 생각하는 바대로 이루는 경향이

있기 때문이다. 솔로몬 왕은 "대저 그 마음의 생각이 어떠하면 그 위인도 그러한즉"(잠 23:7)이라고 말했다.

솔로몬의 지혜에 기초해서 영국의 작가 제임스 앨런은 인간을 둘러싼 외적인 세계는 사고라는 내적인 세계에 의해 그 모양과 틀이 잡히며, 모든 외적인 세계는 달가운 것이든 아니든 한 사람의 삶에 모든 것이 합력하여 선을 이루도록 하는 요소들이라고 했다. 뿌린 대로 거두리라는 말씀처럼 사람은 자신이 만드는 시련과 행복, 이 두 가지 모두를 통해서 배운다.

40일간의 정신 식이요법을 통해 당신은 '기쁨으로 가득한 삶'이라고 불리는 행복을 좀 더 경험하게 될 것이다. 그러므로 이제부터 당신에게 맞지 않는 생각들에 굳이 매달리지 마라.

우리에게는 저것은 생각하지 않고 이것은 생각할 수 있는 선택권이 있다.

# 4:8 원리 실행하기 

### 생각연습하기 1

자신이 어떤 사람이 되고 싶은지 생각해 보라. 그리고 그 미래의 모습과는 전혀 어울리지 않는 생각들이 자신의 마음속에 있는지 찾아보고 '저것을 생각하지 마라' 칸에 쓰라. 왼쪽 칸에는 미래 자신의 모습에 부합하는 몇 가지 생각들을 '이것을 생각하라' 칸에 쓰라. 아래 칸에는 생각을 좀 더 향상시키기 위해 어떤 노력을 기울일 것인지를 짧게 써 보라.

| 생각할 것들 | 생각하지 말 것들 |
| --- | --- |
|  |  |

 **한 발짝 깊이 들어가기**

앞으로 40일 동안 이 과정을 함께할 믿을 만한 친구를 찾아보라. 매일 잠자리에 들기 전에 오늘의 챕터에서 '아하!' 하며 깨달은 순간이나 아주 가치 있는 내용이라고 생각되었던 것을 서로 나누라.

 **마음에 새기기(쪽지에 써 붙이자)**

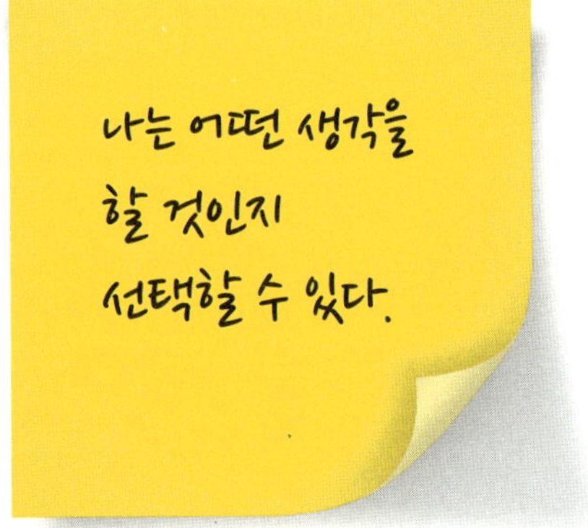

 **오늘의 기도**

하나님 아버지, 생각을 선택할 수 있는 자유를 주셔서 감사합니다. 오늘 하루 내가 올바른 생각을 선택할 수 있도록 붙들어 주세요.

# 받을 것인가, 말 것인가?

### —결단의 기쁨

"하나님은 당신을 향한 큰 계획을 가지고 계신다는 사실을 믿나요?" 나는 내 강의를 들으러 온 사람들에게 이 질문을 자주 한다. 그러면 예상대로 그들은 전부 약속이나 한 듯 하나같이 그렇다고 하면서 긍정의 표시로 손을 든다. 물론 그들은 내가 그런 답을 기대한다는 것을 이미 알고 있기에 어쩌면 이것은 별로 신뢰할 만한 반응이 아닐 수 있다.

어쨌거나 내가 그런 질문을 던지는 이유는 그것을 바탕으로 이론적 타당성을 얻으려는 것이 아니라 그저 다음과 같은 것을 알고 싶어서다. 만약 하나님이 눈앞에 실제로 나타나서 하나님의 큰 계획을 알려 준다면 그때부터 당신의 삶이 어떻게 달라질 것 같은가? 뭔가 달라지기는 할 것 같은가?

하나님이 당신의 미래를 위한 엄청난 계획을 가지고 있다고 믿는가? 지금 이 순간 잠깐 이 책을 읽는 것을 중단하고 이 질문에 대해 진심으로 대답해 보라. 만약 당신이 '아니요'라고 답했다면 이 단원은 건너뛰고 바로 다음 챕터로 넘어가라.

일단 당신이 '네'라고 답했다고 치자. 그렇다면 당신은 정말 그렇다고 마음 깊이 믿는가? 아니면 그저 그런 말을 들어왔고 지금까지 지식적으로 그렇게 알고 있기 때문에 그렇게 믿는가? 만약 하나님에게 당신을 위한 큰 계획이 있다는 것을 받아들인다면(렘 29:11), 그 믿음은 자연스럽게 행동으로 나타나야 한다. 정말 놀라운 미래가 보장되어 있는데 누가 부루퉁하고, 불평하고, 텔레비전이나 보며 시간을 죽이면서 그 보장된 미래와는 동떨어지게 살려 하겠는가?

그런데 우리는 마치 내일 이루어질 약속들이 별로 없는 것처럼 오늘을 보낼 때가 많다. 만약 당신이 '나를 향한 하나님의 뜻'이 있다는 것을 일단 받아들인다면 그것은 정말 대단한 것이다. 그것은 행동하는 방식과 소통하는 방식을 아주 드라마틱하고, 명확하고, 관찰 가능한 방식으로 바꾸는 것이다. 그러므로 이제부터 당신은 '감사하는 태도로 반응하기'를 시작할 것이다. 동의하는가?

미국의 코미디언 하위 맨델이 진행하는 한 방송 프로그램에서는 매번 이렇게 외치는 순간이 있다. "Deal or No Deal?(받을 것인가, 말 것인가?)" 이것은 아주 중요한 시점이다. 그 게임에 출연한 출연자는 '은행가'가 제시한 돈을 받아들이든지 아니면 그 제안을 거절하고 대신 돈이 들어 있는 서류 가방을 택할 수 있다. 그런데 그 가방에 돈이 얼마나 들어 있는지 액수는 아무도 모른다. 이 순간이 그 쇼의 백미다. 카메라가 출연자를 클로즈업하고, 긴장감이 흐르는 중에 그 출연자는 결정을 내려야 한다.

나는 "Deal or No Deal"이라는 그 문구를 아주 좋아한다. 왜냐하면 그것은 출연자를 중립적 입장에서 벗어나 명확하게 자기의 뜻을 밝히도록 만들기 때문이다. 그 결정이 좋은 결과를 가져올지 나쁜 결과를 가져올지를 지켜보는 것은 아주 재미있다. 그러나 이 게임과는 달리 하나님에게 우리를 위한 좋은 계획이 있는지를 믿을 것이냐 아니냐를 결정하도록 우리를 옆에서 독촉해 주는 사람은 없다.

삶의 4:8 원리에서 모퉁잇돌 격인 '감사하기'를 택할 때도 마찬가지다. 그래서 우리는 그런 결심이나 그 결심에 따라 살기를 끝없이 뒤로 미루기 쉽다. 카메라 세례도 없고 우리의 결정을 독촉하는 사회자도 없는 상황에서 우리는 발뺌만 하면서, 자기 합리화만 하면서 "Deal or No Deal"이라는 말에 응하기를 거부한다. 그러고는 마냥 '세월만 낭비하고' 멀리서 지켜보면서 맴

돌고만 있다. 믿음을 강화시키고 기쁨을 증폭시킬 수 있는 굉장한 방안을 얼마든지 활용할 수 있음에도 이를 비활성화시켜 놓고서는 말이다.

**감사는 선택이다.** 감사는 인생에서 부족한 것들이 아니라 이미 누리고 있는 여러 가지 축복들에 항상 초점을 두고 생각하려는 의식적이고 의도적인 결단이다. 인생에는 항상 부족한 것들이 있기 마련이지만 나중에는 그로 인해 아름다운 선으로 열매 맺을 것이다. 그러므로 현재 누리고 있는 축복들에 초점을 둔다면 마음에 풍성함과 부요함을 느낄 것이며, 부족한 것만 생각한다면 삶에서 결핍을 느낄 것이다. 이처럼 스포트라이트를 어디에 비출 건지는 오직 선택의 문제다.

감사가 가지는 힘은 엄청나다. 생각할 필요도 없이 꾸준히 감사하는 정신은 '기쁨이 가득한 삶'을 이루는 핵심 재료다. 공개적으로 그리고 분명하게 감사하는 사람이 되려고 결심하고 노력한다면 사업에서, 결혼 생활에서, 가족들과의 관계에서, 삶의 모든 영역에서 큰 기쁨을 누리게 될 것이다.

감사는 부정적인 감정에 스며든 독을 빼 주는 아주 효과 있는 해독제이기도 하다. 사람이 감사와 적대감을 동시에 느낄 수는 없다. 둘 중 하나를 선택을 해야 한다. 당신의 선택은 둘 중 어떤 것인가? 그리스 철학자 에픽테토스는 "가지지 못한 것들 때문에 슬퍼하지 않고 가진 것들로 인해 기뻐할 줄 아는 사람이 지혜로운 자"라고 말했다.

오늘 당신은 감사한 마음을 유지하려고 결단하는 것에 초점을 두어야 한다. 지금 당장, 태도를 분명하게 하고 결단을 내리길 강하게 권면한다.

당신은 어떤 결정을 내릴 것인가? 당신은 기쁨에 겨워서 펄쩍 뛸 준비가 되어 있는가? 당신의 결정은 'Deal'인가 아니면 'No Deal'인가?

## 4:8 원리 실행하기

### 생각연습하기 2

당신을 향한 하나님의 계획이 무엇이라고 생각되는지 써 보라.

### 한 발짝 깊이 들어가기

하나님이 당신의 미래를 위해 세우신 놀라운 계획에 감사하면서 하나님께 보내는 짧은 글을 적어 보라. 베일에 가려진 그 미래를 생각하면서 당신이 누리는 기쁨으로 인해 하나님께 감사드리라.

 **마음에 새기기(쪽지에 써 붙이자)**

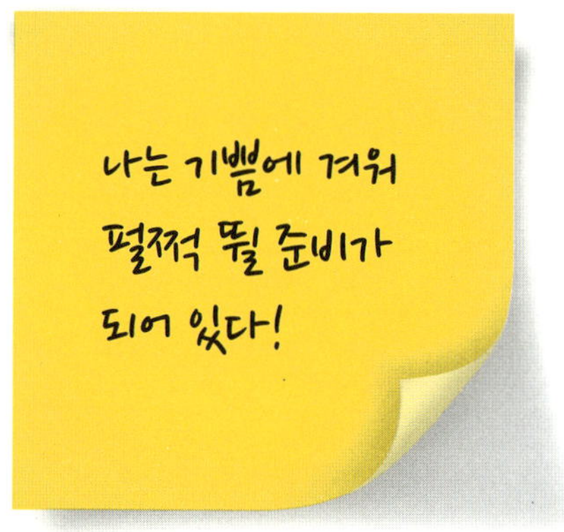

 **오늘의 기도**

하나님 아버지, 나를 위해 그토록 놀라운 계획을 세워 주시니 감사합니다. 오늘 내 마음이 그 놀라운 계획들을 생각하면서 감사로 넘치게 도와주세요.

# 수백 개의 **문제들,**
# 수백만 개의 **축복들**

### ―관점의 선택에서 오는 기쁨

**4**:8 원리를 생각하면서 나와 아내는 서로를 향해 열 가지 긍정적인 점이 있으면 열 가지 별로 좋지 않은 점이 있다는 농담을 종종 한다. 물론 내 단점을 잘 집어내는 아내의 말에도 일리가 있다! 우리는 이러한 비율을 극복하려고 최선의 노력을 다하지만 큰 변화는 기대하기 힘들다. 앞으로 30년 후, 우리의 50주년 결혼기념일을 맞을 때도 여전히 우리는 긍정적인 면과 부정적인 면을 모두 갖고 있을 것이다.

영적으로 성장하고 서로에 대한 사랑과 이해가 깊어질수록 모난 부분은 조금씩 깎이겠지만, 우리는 여전히 불완전한 인간으로 살 수밖에 없다. 우리의 관계는 좋을 때도 있고 나쁠 때도 있을 것이다.

그러나 여기서 가장 중요한 것은 부부가 어떤 관점에서 보느냐는 것이다. 만약 아내가 나의 부족한 면만 본다면 그런 결점만 눈에 띌 것이다. 만약 내가 아내의 부족한 면만 보려고 한다면 그런 허물만 눈에 띌 것이다. 결국 우리 관계의 깊이는 우리가 서로에게 있는 칭찬받을 만한 점, 아름다운 점, 탁월한 점에 초점을 맞출 정도로 성숙하고 충실한가에 달려 있을 것이다.

나는 인생이 좋을 때도 있고 나쁠 때도 있다고 배우며 자랐다. 인생에는 어쩔 수 없는 우여곡절이 있다는 말은 나에게 꽤 일리 있게 들렸다. 그러나 그 당시 내가 몰랐던 것은, 그런 좋고 나쁜 일들은 인생을 살아가는 내내 일어난다는 것이었다.

우리의 이웃은 좋은 사람들과 나쁜 사람들이 섞여 있다. 우리나라는 좋은 것들과 나쁜 것들로 이루어져 있다. 결혼 생활에는 좋은 점도 있고 나쁜 점도 있다. 자녀 양육도 좋은 면과 나쁜 면이 있다. 사실 인생은 긍정적인 것들과 부정적인 것들의 혼합이다.

4:8 원리는 빌립보서 4장 8절에 기록된 사도바울의 조언에 바탕을 두고 있으며 이 성경 구절에서 바울은 삶에서 긍정적인 것들을 추구하고 그 안에 거하라고 말하고 있다.


무엇에든지 참되며 무엇에든지 경건하며 무엇에든지 옳으며 무엇에든지 정결하며 무엇에든지 사랑 받을 만하며 무

엇에든지 칭찬 받을 만하며 무슨 덕이 있든지 무슨 기림이 있든지 이것들을 생각하라

내가 워크숍을 할 때에는 4장 8절의 마지막 부분을 특히 강조하기 위해 앰플리파이드 성경(Amplified Bible, 원어성경과 영어의 미묘한 차이를 줄이기 위해 번역된 성경—옮긴이주)을 사용한다.

혹시 어떤 미덕이나, 탁월한 것이나, 칭찬할 만한 것이 있으면 그런 것들을 비중 있게 생각하고 고려하라(마음을 그런 것들에 두라)

나는 또한 메시지 성경에 나온 것도 쓴다.

결론으로 말씀드립니다. 친구 여러분, 참된 것과 고귀한 것과 존경할 만한 것과 믿을 만한 것과 바람직한 것과 품위 있는 것을 마음에 품고 묵상하십시오. 최악이 아니라 최선을, 추한 것이 아니라 아름다운 것을, 저주할 만한 일이 아니라 칭찬할 만한 일을 생각하십시오.(유진 피터슨,《메시지 신약 *The Message*》, 복있는사람, 2011)

잠시만 이 성경 문구를 깊이 생각해 보라. 사도바울이 시선을

오직 그런 것들에 고정시키라고 말하는 것은 아주 중요한 핵심 포인트를 드러내 보여 준다.

선택은 항상 우리가 하는 것이다.

만약 우리에게 선택할 자유가 없다면 이 성경 구절은 아무 소용이 없을 것이다. 만약 우리가 저절로 늘 긍정적일 수 있다면 바울은 이 점을 그렇게 드라마틱하게 강조하지 않았을 것이다. 반면 만약 우리가 우리에게 있는 부정적인 특징들을 조절할 수 없다면 이 가르침은 헛되고 비현실적이며 우리 능력의 한계를 넘어선 것이다.

바울은, 선택은 우리의 몫이라고 상기시켜 준다. 하나님의 도우심으로 우리는 생각을 통제할 수 있다. 더 나아가 하나님의 말씀을 통해 우리의 선택권은 선과 악, 또는 탁월함과 평범함 사이에 있음을 알 수 있다. 인생은 절대로 완벽하게 좋거나 완벽하게 나쁠 수가 없다. 인생에는 항상 쓸모없는 것과 위대한 것들이 섞여 있기 마련이다.

당신에게는 항상 불평거리가 있을 것이고 반면 축복도 있을 것이다. 인생은 오르막길과 내리막길로 이루어진다는 것만은 확실하다. 그러나 오르막길에서도 잘 풀리는 부분이 있을 것이고, 탄탄대로일 때도 모든 것이 완벽하지는 않을 것이다. 이와 같이 인생은 좋고 나쁜 것들이 두루두루 섞여 있다.

저녁 뉴스를 보고 있다고 상상해 보자. 이 세상에 긍정적이고 좋은 일이 많이 일어나고 있음에도 뉴스의 하이라이트는 주로 끔찍한 뉴스들을 다룬다. 그런 뉴스에서 크게 얻을 것은 별로 없다. 우리가 그런 뉴스들을 통해 사건사고들을 깊이 이해하고 그와 관련된 기도를 하거나 생산적인 행동을 하지 않는 이상 말이다.

당신이 최근에 삼킨 나쁜 뉴스의 양이 얼마나 되는지 평가해 보라. 이건 분명히 생각해 볼 만한 가치가 있다. 뉴스에서는 기상예보조차 부정적으로 보도하는 경향이 있다. 뉴스 보도를 긍정적으로 하기 위해 "내일은 비가 올 가능성이 30% 정도입니다"라고 말하지 않고 "내일은 맑은 날씨일 가능성이 70%입니다"라고 말한다고 생각해 보라. 아마도 당신은 어처구니가 없을 것이다.

뉴스는 이런 식으로 부정적인 면을 부각시키면서 진행한다. 그렇다고 해서 인생을 그렇게 살 필요는 없다. 인생에는 구름이 낀 날들이 있기 마련이지만 그렇다고 인생의 본질에 흠집 낼 필요는 없다.

당신에게는 수백, 수만 가지의 축복이 있다! 그 축복들을 세어 보기로 마음을 먹든지 아니면 인생에서 잘 안 풀리는 것들을 놓고 불평을 하든지, 일단 선택권은 당신에게 있다는 것을 기억하라.

인생에는 좋은 것들과 나쁜 것들이 두루두루 섞여 있다.

# 4:8 원리 실행하기 : : : : : : : : : : : : : : : : : :

### 생각연습하기 3

삶의 문제들에 비해 축복의 비율이 훨씬 높은 것에 진심으로 감사하기 위해 아래 준비된 빈칸에 삶의 여러 문제와 축복들을 열거해 보라. 왼쪽 칸에는 현재 문제들을 써 넣어라. 정말 문제라고 여겨지는 모든 것을 빠짐없이 써라. 오른쪽 칸에는 당신이 누리고 있는 모든 축복과 당신에게 일어나지 않아서 또는 없어서 다행스러운 것들을 써 보라. 그리고 아래 칸에는 앞으로 받고 싶은 축복들을 써 보라.

| 현재 문제들 | 현재 축복들 |
| --- | --- |
|  |  |

 **한 발짝 깊이 들어가기**

빌립보서 4장 8절 말씀을 당신의 인생에 맞게 풀어서 써 보라. 당신의 이름과 가족들과 친구들의 이름을 대입시켜 보라.

 **마음에 새기기(쪽지에 써 붙이자)**

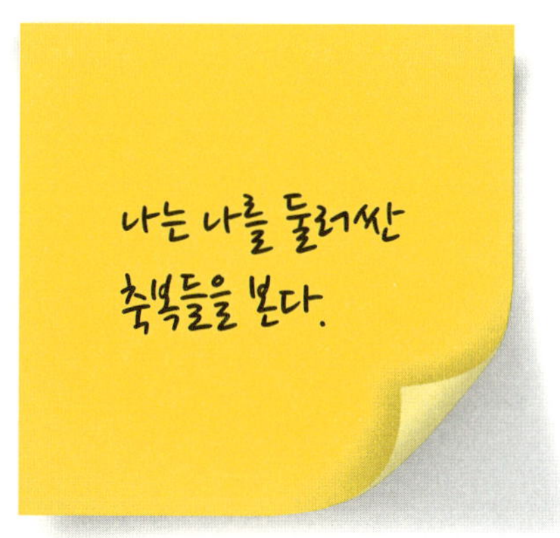

 **오늘의 기도**

주님, 나에게 있는 모든 축복과 모든 문제 또한 감사합니다. 오늘 내가 좋은 일들은 몇 배가 되게, 안 좋은 일들은 줄이는 식으로 생각하게 도와주세요.

# 15분의 기적
## −매일 아침 하나님을 만나는 기쁨

기쁨으로 충만한 삶이란 매년, 매월, 매일을 기쁘게 사는 것이다. 이를 통해 우리는 기쁨으로 가득한 순간순간을 살 수 있다. 기쁨에 대한 잠재력을 높이려면 매일 기본을 다져야 한다. 결국 하루하루를 잘 관리하면 나머지 인생은 저절로 따라오기 마련이다.

만약 우리가 마태복음 6장 33절의 가르침대로 "먼저 하나님의 나라와 의"를 구한다면 아침에 창조주와 만나는 것을 첫 스케줄로 잡아야 한다는 것에 고개를 끄덕이게 되지 않을까? 하루 일과 중 첫 만남이 하나님 아버지와의 만남일 때 그 하루는 진리의 반석 위에 굳게 서게 될 것이다. 하루 일정 중에 그보다 더 중요한 것이 있을까?

다른 사람들을 만나기 전에 그리고 여러 가지 일에 관심을 돌리기 전에 가장 먼저 하나님 아버지를 만나라. 아침 이른 시간은 기도, 묵상, 성경 공부를 하기에 매우 이상적인 시간이다. 평화롭고, 영감과 통찰력을 얻는 마음의 상태를 하루 종일 유지하는 것은 아침에 깨어나 가장 먼저 무엇을 하느냐에 달려 있다.

조용한 시간을 가지면서 하나님이 모든 것을 주관하고 계신다는 것을 떠올리라. 매일 시간을 내서 삶의 모든 구석구석을 주님께 들고 나아가라. 하나님의 능력과 위대하심을 묵상하라. 아무리 큰 문제도 하나님 아버지에게는 아주 작고 사소한 것에 불과하다는 것을 떠올리라. 깨끗케 하심, 새롭게 하심, 새 힘을 주심을 체험하라. 하나님의 새롭게 해 주심은 항상 누릴 수 있다.

개인적인 사명선언서, 목표, 매일의 우선순위를 새롭게 돌아보고, 습관을 따라 기도하고, 마음을 성경에 푹 젖게 해서 기쁨 가득한 하루를 만들게끔 마음을 프로그램화하라. 무엇을 하든지 하루의 사건사고와 힘든 일에 직면하기 전에 아침을 하나님으로 차고 넘치게 하라.

가장 중요한 것을 가장 우선시하는 목적 중심의 삶에서의 기본은 다른 것이 아니라 바로 아침에 하나님을 만나는 것이고, 그것을 하루 일과 중 가장 중요한 우선순위로 삼는 것이다. 기쁨을 누리기 위해서라면 한 끼 정도 굶는 것도 괜찮고 운동을 하루 정도 건너뛰는 것도 괜찮다. 그렇지만 하루를 든든한 반석 위에 세우는 것을 소홀히 하는 어리석은 짓은 절대로 하지 마라. 나는 아침 묵상에 투자할 시간이 도저히 없다고 느낄 때가 사실은 그것이 가장 필요할 때라는 것을 깨달았다.

하나님이 당신과 우주를 창조하셨으니 하나님이 당신의 하루 일과를 만드시도록 해야 옳은 것 아닌가? 잘 생각해 보라. 만약 이 시대에 가장 지혜로운 사람을 만난다면 그리고 그 사람이 매일 당신의 삶을 코칭해 주겠다고 한다면 그 제안을 거절하겠는가? 당연히 받아들일 것이다!

하나님의 능력은 인간인 우리의 상상을 초월한다. 하나님은 전능하시기 때문에 어떤 문제든 도와줄 수 있다. 하나님은 모든 것을 아시기 때문에 모든 걱정거리와 의문들을 하나님 앞에 들고나갈 수 있다. 하나님에게는 사업상의 위험에 어떻게 대처할지 그리고 가정 문제를 어떻게 풀어갈지에 대한 지혜가 무한하시기 때문에 그 기회를 붙잡지 않는 건 너무 아깝다.

아침 시간에 이것을 최우선적인 일로 삼는 것은 여러 가지 영적 훈련 중 하나에 불과하지만 이 훈련과 습관은 기쁨, 통찰, 부흥, 마음의 평화 등 여러 가지 영적 상급을 가져온다. 이에 더하여 당신은 하나님의 나라와 의를 구했다는 자신감과 확신을 가지고 하루를 시작하게 될 것이다.

일단 지금은 서둘러 진단해 봐야 할 때다!

당신은 최근에 하루 일과를 어떻게 시작했는가? 아침의 첫 시간 중 15분을 하나님을 영화롭게 하고 기쁨이 가득한 날을 보내기 위해 기초를 다지는 데 사용했는가? 잠에서 깨어난 후에 정신적으로 영적으로 자신에게 무엇을 먹였는가? 나는 고객들을 도울 때 생활의 다른 면에서 변화를 주기보다 아침 일찍 하나님을 만나는 것을 일상으로 삼도록 함으로써 고객들의 삶이 긍정적으로 변화되는 것을 목격했다. 아침에 무엇을 하는지가 그날 하루 내내 우리의 감정 색깔을 결정한다. 만약 아침을 기쁨으로 시작하지 않는다면 남은 일과들을 잘 해내기가 힘들다.

여러 가지 분주한 것이나 꼭 해야 할 일들에 얽매이기 전인 아침 첫 시간은 '기쁨 소프트웨어' 작업에 집중할 수 있는 완벽한 시간이다. 감사를 업로드하고 하나님의 은혜를 다운로드하라. 오늘 당신의 삶이 어떠하기를 원하시는지 보여 달라고 하나님께 구하라. 다음으로는 무엇을 하기 원하시는지 물어보라. 꼭 필요하다면 이 좋은 기회를 잡기 위해 15분 일찍 일어나라. 머지않아 당신은 이른 아침에 갖는 기쁨 시간에 중독된 자신을 발견하게 될 것이다. 그리고 당신은 하루 일과를 시작하는 방식으로 이것 외에 다른 방법은 절대로 찾지 않게 될 것이다.

# 4:8 원리 실행하기

## 생각연습하기 4

아침 15분의 기적을 일으켜 보라. 아래의 질문을 참고로 해서 아이디어를 얻으라. 내가 '새벽기쁨의례'(EMJR: Early Morning Joy Ritual)라고 부르는 이 시간에 당신은 무엇을 하겠는가. 네 가지 핵심 요소를 옆 페이지 박스에 써 보라.

1. 아침에 일어나 첫 15분 동안 나는 무엇을 읽거나 보거나 듣는가?

2. 읽거나, 보거나, 듣지 말아야 할 것에는 어떤 것들이 있는가?

3. 아침 15분, 기쁨 시간을 갖기 위해 전날 밤에 준비할 수 있는 것은 무엇인가?

4. 매일아침 잠에서 깨자마자 자신에게 어떤 말을 해 줄 것인가?

5. 잠에서 깨자마자 나 자신에게 하지 말아야 할 말은 무엇인가?

6. 15분 내에 나의 감사를 어떻게 더 강화할 수 있는가?

7. 기도와 성경을 어떻게 사용할 수 있는가?

8. 어떻게 4:8 원리에 대한 질문들을 사용할 수 있는가?

(좀 더 자세한 내용은 'Day 23' 챕터를 보라).

## 한 발짝 깊이 들어가기

아침 15분의 기쁨 시간을 거르지 않으려면 전날 저녁에 미리 준비해 두는 것이 좋다. 주변의 방해를 받지 않는 조용한 장소를 미리 물색하라. 주로 어떤 안건을 다룰 것인지 미리 생각하라. 성경, 묵상집, 커피, 음악, 노트, 그 외에 하나님과 교제하기 위해 필요한 것들을 미리 한 곳에 모아 두라.

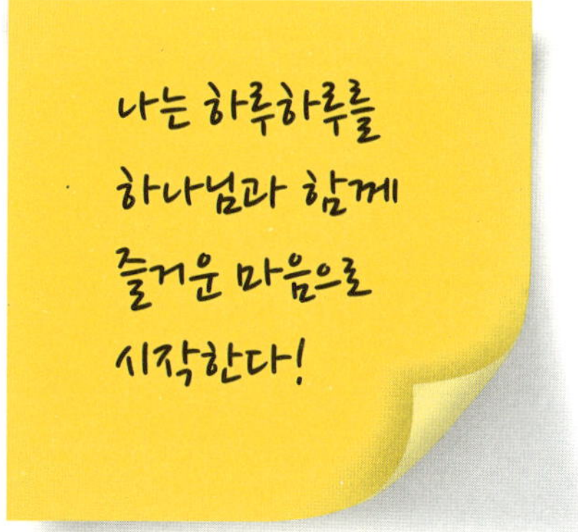



**마음에 새기기(쪽지에 써 붙이자)**

**오늘의 기도**

주님, 이른 아침에 조용한 묵상의 시간을 가질 수 있어서 감사합니다.
세상으로 나가기 전에 주님을 가장 먼저 만날 수 있게 도와주세요.

# 하나님은 개와는 다르게 우리를 만드셨다

## ─감정을 다스리는 기쁨

우리 집 개의 이름은 그레이시다. 그레이시가 멍멍 하고 짖으면 동네 개들에게 어떤 일이 일어날지 한번 추측해 보라. 그렇다! 이집 저집에 있는 개들이 덩달아 짖는다. 다른 개들이 짖으면 그레이시도 거기에 답하듯 또 짖는다. 내가 미루어 짐작해 볼 때 이것은 본능인 것 같다. 마치 그렇게 반응하게끔 설비가 갖춰진 공장처럼 말이다. 하나님이 개를 그렇게 만드신 것이다.

그러나 하나님은 우리를 그렇게 만들지 않으셨다. 그럼에도 우리는 개처럼 행동할 때가 있다. 그렇지 않은가? 어떤 사람이 우리를 향해 짖으면 우리도 그들을 향해 짖는다. 마치 그 상황에서 도저히 자신을 통제할 수 없는 것처럼 말이다.

만약 아내가 남편에게 말로 속사포를 쏘아대면 남편들은 어떻게 하는가? 남편들은 바로 아내에게 똑같이 한다. 사춘기 자녀들이 부모의 심사를 건드리면 부모는 어떻게 하는가? 바로 아이에게 신경질적으로 반응한다. 직장 동료들은 충동적이고 미성숙한 반응으로 먼저 슬슬 불을 댕기다가 결국 서로 감정적인 반응을 주고받는 악순환을 반복하게 해서 우리를 열 받게 한다. 그로 인해 우리는 마음에 쉼이 없어지고, 당혹스러워지며, 하루를 끝낼 때가 되면 기쁨이 거의 바닥난다. 꼭 그래야만 하는 걸까?

최근에 나는 막내아들이 다니는 학교 근처에 갔다가 일단정지 표시가 있는 교차로에서 아직 내 차례가 아닌데도 차를 출발하는 경솔한 행동을 했다. 나는 교차로를 지나면서 자기 순서를 새치기를 당한 그 운전자에게 나의 실수를 인정하면서 손을 들고 미안하다는 표시를 했다. 그런데 그 남자는 나의 미안하다는 몸짓에 무례한 몸짓과 욕설로 답을 했다. 그는 내 뒤로 몇 미터 정도 거리를 유지한 채 따라오면서 내 차의 백미러를 통해 나를 쏘아보았고 '어이구, 대단하시구먼'이라고 비꼬는 몸짓으로 조롱하듯 나에게 계속 경례를 붙였다. 꼭 그런 식으로 반응해야 할 필요가 있을까?

여기서 두 가지 형태의 생각을 강조하고 싶다. 첫 번째는 감정적으로 반응하는 것이다. 감정적으로 반응하는 사람은 마음에서 솟구치는 부정적인 감정을 다스릴 마음이 전혀 없는 그 화난 운전자와 같다. 이런 식의 생각에는 아무 노력이 필요 없다.

두 번째는 미리 앞당겨 생각하는 것이다. 여기서는 상대방에게 바로 반응하기 전에 먼저 생각할 시간을 갖는 것이 필요하다. 만약 당신이 감정적으로 생각하는 사람이라면 사전에 아무것도 생각할 필요가 없다. 당신은 그냥 그 상황에서 자연스럽게 충동대로 행동하고 반응하면 그만이다. 당신이 생각이 깊은 사람이라면 자신이 어떻게 반응할 것인지를 미리 앞당겨서, 그리고 감정이 앞서지 않은 상태에서 생각해야 한다.

좀 더 사려 깊은 사람은 주변에서 무슨 일이 일어나더라도 자신의 내면 상태를 바꾸지 않기로 마음먹는다. 그런 사람은 마음속으로 이렇게 말한다.

- 나는 나를 위한 하나님의 약속을 계속 붙든다.
- 다른 사람들이 나를 어떻게 대하더라도 나는 그들을 존중하고 그들에게 친절을 베풀 것이다.
- 내 마음이 기쁨으로 가득한지는 힘든 상황에서 가장 잘 드러난다.
- 하나님의 도우심으로 나는 부정적인 상황에서도 평정을 유지한다.

다른 사람들의 행동에 과도하게 반응할 때 우리는 하나님이 기대하는 바를 벗어나서 행동하게 된다. 스스로 감정을 다스려야 할 때 그렇게 하지 않고 오히려 다른 사람을 탓하는 그런 모습으로 하나님은 인간을 만들지 않으셨다.

최근에 가진 세미나에서 나는 부부들이 일상적으로 많이 사용하는 다음과 같은 표현에 대해 말한 적이 있다. "정말, 사람 되게 화나게 만드네." 우리는 계속 대화를 진행하면서 이 표현에 약간의 속임수가 있다는 것을 밝혀냈다. 사실 우리가 허락하지 않는다면 아무도 우리를 화나게 할 수 없기 때문이다. 다른 말로 하면 우리에게서 부정적인 반응을 촉발시키는 것은 다른 사람의 행동이 아니라는 것이다. 단지 그것은 다른 사람들의 말이나 행동이 우리에게서 어두운 감정을 불러일으킨다고 우리 스스로 그렇게 해석하는 것이다.

그런데도 우리는 사람들이 우리를 화나게 한다고 생각할 때가 종종 있다. 게다가 이상하게도 가족처럼 아주 가까운 관계에 있는 사람들에게 그런 식으로 원인을 돌리는 경향이 있다. 좀 우스운 얘기인 것 같지만 그런 논리대로라면 우리가 사랑하는 사람들이 '우리를 가장 화나게' 하는 사람들이다. 여기서 잠깐 생각해 보자. 아까 내가 말했던 임시정지 교차로에서의 그 남자는 나를 전혀 모르고 또 당연히 나를 사랑하지 않는 사람이다. 그렇다면 그 사람이 자기 집에서는 얼마나 더 심하게 행동할까?

자기감정을 다스려야 할 때, 사랑하는 가족이든 아니면 모르는 사람들이든 그들이 원인을 제공했다고 탓하는 것은 기쁨을 위한 우리의 잠재력을 완전히 사라지게 만든다. 하나님은 내가 좋은 하루를 보낼 건지 불쾌한 하루를 보낼 건지를 다른 사람들의 손아귀에서 결정되도록 하지 않으셨다. 나는 이를 깨달았고 이것이 좋은 자극이 되어 그때부터 나는 나의 감정을 수시로 점검해 보게 되었다. 당신은 어떤가?

## 4:8 원리 실행하기

### 생각연습하기 5

오늘은 감정 다스리기를 집중해서 연습할 것이다. 당신이 처한 힘든 상황이나 자꾸 되풀이되는 안 좋은 상황 세 가지를 생각해 보라. 옆 페이지의 빈칸에 이러한 세 가지 상황을 생각하고 당신이 할 수 있는 세 가지 반응을 차례로 써 보라. 첫 번째 반응은 아주 안 좋은 반응, 두 번째는 납득할 만한 정도의 반응, 세 번째는 긍정적인 반응이다.

### 한 발짝 깊이 들어가기

오늘은 까다로운 사람들을 만나거나 힘든 상황을 만날 때 자기 절제력을 가지고 대응함으로써 하나님을 영화롭게 하게 해달라고 기도하라. 작은 카드 또는 메모지를 노트북이나, 화장실 거울, 자동차 핸들 등 눈에 자주 띄는 곳에 붙여라. 그 메모지에 "하나님의 도우심으로 행동보다 생각이 앞서는 사람이 되었다"라고 쓰라.

<table>
<tr><th>시나리오 1</th><th>시나리오 2</th><th>시나리오 3</th></tr>
<tr><td>안 좋은 반응<br><br>납득할 만한 반응<br><br>긍정적인 반응</td><td>안 좋은 반응<br><br>납득할 만한 반응<br><br>긍정적인 반응</td><td>안 좋은 반응<br><br>납득할 만한 반응<br><br>긍정적인 반응</td></tr>
</table>

 **마음에 새기기(쪽지에 써 붙이자)**

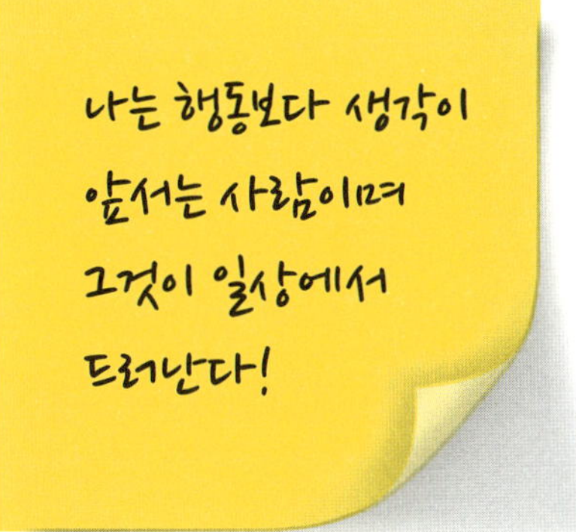

 **오늘의 기도**

하나님, 하나님께서 개를 만드신 것과 다르게 나를 만드셨으니 감사합니다. 오늘 행동보다 생각이 앞서는 사람이 되어 감정을 다스리고 그 결과 하나님을 영화롭게 할 수 있게 도와주세요.

# 나만의 헤드라인을 작성하라

## ― 목표를 세우는 기쁨

부정적인 뉴스와 이야기는 이제 그만.

이제부터는 대중매체가 쏟아내는 여러 가지 소식과 소문을 마음에서 떨쳐 버리고 거기에서 빠져나와 스스로 자신의 인생 코스를 정하고 차트를 그려 보자. 오늘부터 시작하라. 당신의 인생 스토리를 쓰고 그것을 굉장한 헤드라인 뉴스거리로 삼아 보자.

이제부터는 당신이 목표로 잡은 것들이 당신의 헤드라인 뉴스가 될 것이다. 당신의 마음을 완전히 매료시킬 만한 것들을 목표로 삼으라. 그러면 앞으로 더욱 높이 날게 될 것이며 그 어느 때보다도 좋은 결과를 얻게 될 것이고, 인생을 살면서 충만한 기쁨을 누리게 될 것이다. 내가 원하는 바를 향해 한걸음씩 나아가는 것을 즐길 때 우리는 목표를 이룰 수 있다. 여행을 떠날 때는 기분이 들떠 있다가 집으로 돌아올 때는 그렇지 않은 것도 바로 이런 이유 때문이다. 목표 의식이야말로 인생에서 우리를 앞으로 나아가게 하는 요소다.

목표는 인생을 어떤 방향으로 이끌어 갈지에 대해 세부적인 것들을 제시해 준다. 그러므로 믿음 성장은 물론 재정적 안정에 대한 목표도 세워라. 좋은 배우자가 되는 것은 물론 든든한 부모가 되려는 목표도 세워라. 몸매를 가꾸려는 목표도 세울 뿐더러 좀 더 재미있게 살려는 목표도 세워 보라. 솔직히 나는 아예 시간을 따로 내어 '꼬리에 꼬리를 무는' 여러 가지 목표를 동시에 세워 보라고 권하고 싶다. 그렇게 하면 가족여행, 개인적 성취, 그리고 그 외에 몇 가지 추억들과 관련된 중요한 것들을 돌아보고, 앞으로 10년 동안 무엇을 기대하고 또 어떻게 방향을 잡고 나아갈 것인지를 생각해 볼 수 있다.

목표 설정은 '4:8 원리'(빌 4:8)를 갖게 하고 기쁨으로 가득한 삶을 살게 해 주는 강력한 도구다. 그런데 안타깝게도 사람들은 이 도구를 제대로 활용하지 않는다. 부모들은 이러한 능력을 배양해 줘야 할 책임을 학교에 떠넘겨 버렸고, 학교는 교과 과정에 그것을 넣지 않았기 때문이다. 또 교회들은 이 문제에 대해 말만 하고 있고, 어른들은 해야 할 일이 산더미 같아서 미친 듯이 이리저리 뛰어다니며 정신없이 살고 있다. 그들이 다른 대안이 있다는 것조차 알지 못한 채 그렇게 정신없이 살아가는 동안이 문제는 삶의 여러 가지 것들에 묻혀 버린다. 꼭 이렇게 살아야 할 필요가 있을까?

목표 설정은 내면에 떠오르는 수많은 생각 중에서 어떤 생각에 특별히 주목해야 하는지 두뇌에 전달해 준다. 회색 셔츠를 입은 축구팬들이 경기장을 가득 메우고 있는데 몸통을 빨간색으로 칠한 열 명의 용감한 젊은이들이 그 사이에 끼어 있다고 상상해 보라. 소형비행기를 타고 하늘에서 경기장을 내려다 보면 그 열 명의 청년들이 눈에 확연히 들어올 것이다. 뚜렷하고 구체적인 목표도 이와 마찬가지로 우리의 마음에 선명하게 드러난다.

목표 설정은 사랑받을 만한 것, 탁월한 것, 칭찬받을 만한 것에 집중하도록 마음을 훈련하는 데 반드시 필요한 도구다. 목표는 우리가 인생에서 무엇을 이루고 싶은지 확연히 드러내 보여 준다. 여기서 좀 더 나아가 목표를 글로 기록하는 것은 우리를 그 목표에 계속 집중하도록 무장시켜 주는 구체적인 방법이다. 그렇게 하면 우리는 충성된 청지기로서 훨씬 더 쉽게 마음을 다스릴 수 있다.

목표를 설정하면 애정을 가질 만한, 자성해 볼 만한, 묵상해 볼 만한 가치가 있는 여러 가지 삶의 요소에 관심을 갖게 된다.

빌립보서 4장 8절은 하나님의 본성, 천국, 또는 사랑하는 이들과 배우자에 대한 존경 등과 같은 영적인 것들만 깊이 생각해보라고 말하지 않는다. 오히려 바울의 조언을 볼 때 우리는 '무엇에든지'라는 말에 주목해야 할 필요가 있다.

무엇에든지 참되며
무엇에든지 경건하며
무엇에든지 옳으며
무엇에든지 정결하며
무엇에든지 사랑 받을 만하며
무엇에든지 칭찬 받을 만하며

목표를 글로 기록하지 않아서 목표를 정하고도 그 목표에 꾸준히 집중하지 못하는 사람들은 잘못된 것들을 떠올리고 또 그 기억을 지우는 데 정신적 에너지를 낭비한다.

여기서 '잘못된 것들'이란 특정 사람들이나 세상에 대한 두려움, 의심, 불안정, 좌절감 등을 말한다. 목표 설정을 소홀히 하면 4:8 원리의 반대인 '8:4 사고방식'의 사람으로 전락해서 비판적인 사고로 자신을 소모할 위험이 있다.

목표가 기쁨을 공급하려면 명확하게 설정되고, 측정 가능하며, 정해진 기한이 있고 하나님의 말씀에 부합하는 특정 결과를 생산할 수 있어야 한다. 그리고 그렇게 되기 위해서는 목표를 글로 기록해서 서약서와 같은 형태를 취하는 것이 중요하다.

목표를 추구하는 것은 우리를 성장하게 하고 하나님이 원하시는 사람으로 변화시켜 준다. 목표는 의사결정 과정을 단순화시켜 주며 쉽게 자족감에 빠지지 않도록 막아 준다. 그 외에도 목표 위주의 삶을 살면 인격이 연마되며 옳은 것에는 '네!'라고 하고 옳지 않은 것에는 '싫어요!'라고 할 수 있는 사람이 된다.

한 사람이 목표에 충실한 삶을 살면 하나님은 그 한 사람을 통해 세상을 바꾸실 수 있다. 그것이 하나님의 방법이다. 하나님은 지금까지 늘 그렇게 일해 오셨으며 앞으로도 그렇게 하실 것이다. 노아의 목표는 배를 지음으로써 하나님께 순종하는 것이었다. 모세의 목표는 자기 백성들을 출애굽시키는 것이었다. 다윗의 목표는 거인 골리앗을 죽이는 것이었다. 예수님의 목표는 자기 생명을 대속물로 드려 많은 사람들로 생명을 풍성히 누리게 하는 것이었다. 바울의 목표는 구원받지 못한 자들에게 하나님의 말씀을 전파하는 것이었다.

이 성경 속 중요한 인물들이 자기에게 주어진 목표에만 오로지 집중했다는 사실이 정말 놀랍지 않은가? 성경을 보면 창세기부터 계시록까지 면면히 흐르는 한 가지 주제가 있다. 그것은 하나님이 자기 백성들을 위해 목표를 정하셨고 그 목표를 그들의 삶에서 이루어 가셨다는 것이다. 성경 자체가 하나님의 목표를 명문화한 뚜렷한 증거물이다. 하나님이 우리를 위해 친히 자신의 목표를 글로 기록해서 내려 주신 것이다.

당신은 어떤가? 당신은 큰 목표를 세울 준비가 되어 있는가?

서른다섯 살 된 남편이자 어린 두 자녀를 둔 아버지가 자신이 세운 평범한 목표를 이룰 수 있도록 힘과 능력을 달라고 하나님께 기도했다. 그런데 시간이 흘렀지만 능력이 온 것 같지 않았다. 어느 날 그 남자는 조금 실망스러워서 하나님께 물었다. "하나님, 왜 제 기도에 응답하지 않으시나요?" 그러자 하나님이 대답하셨다. "네가 세운 목표들처럼 작은 목표 또는 그보다 더 작은 목표들에는 나의 능력이 필요 없단다." 그렇다. 크고 대단한 목표를 세워라. 그 목표가 이루어지고 나면 당신은 하나님이 당신을 도우셨다는 것을 깨닫게 될 것이다!

글로 기록하지 않는 목표는 삶에서 능력, 에너지, 권세를 발휘하지 못한다. 목표를 글로 기록하고 그것을 이루라! '하나님 + 목표들 + 당신', 이 공식은 무적의 조합이다.

# 4:8 원리 실행하기

## 생각연습하기 6

인생이 끝나기 전에 이루고 싶은 목표들이 무엇인지 생각해 보고 그것
들을 아래의 빈 곳에 써 보라.

## 한 발짝 깊이 들어가기

인생 전체에서의 목표로 볼 때 앞으로 40일 동안에 당신이 이루고 싶
은 작은 목표들은 무엇인가? 믿음, 관계, 가족, 신체 단련, 재정 등에
대해 생각해 보라. 용기를 내라. 당신은 40일 동안 기쁨을 누리고 삶
에 탄력을 얻게 될 것이다.

 **마음에 새기기(쪽지에 써 붙이자)**

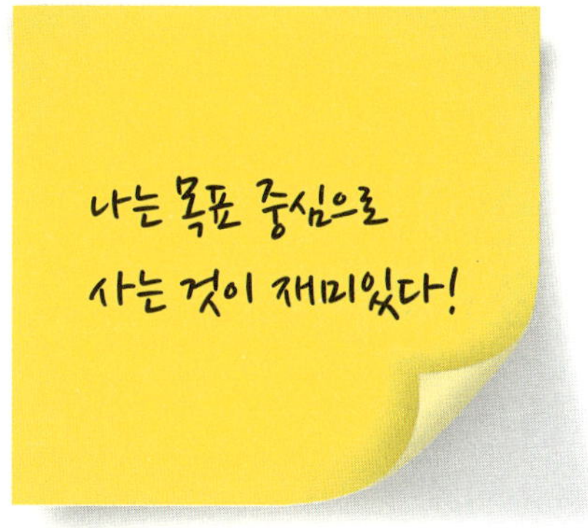

 **오늘의 기도**

주님, 주님께서 내 삶을 통해 이루고 싶어 하시는 것들이 있다는 것을 깨닫게 해 주시고, 또 그것들을 통해 나에게 인생의 목표라는 선물을 주셔서 감사합니다. 오늘 하루 내가 이 목표들을 마음에 붙들게 도와주시고 두려움과 염려를 떨칠 수 있도록 도와주세요.

# 나의 **초점**이
# **감정**을 좌우한다

## ─바라봄의 기쁨

사람은 무엇을 바라보느냐에 따라 달라진다.

우리는 나에게 있는 것을 보느냐 없는 것을 보느냐, 잘되는 것을 보느냐 뭔가 삐거덕거리는 것을 보느냐, 내가 이룬 것을 보느냐 아니면 망친 것을 보느냐, 내가 할 수 있는 것을 보느냐 아니면 도저히 할 수 없을 것 같은 것을 보느냐, 가능한 것을 보느냐 아니면 불가능한 것을 보느냐, 나를 즐겁게 하는 것을 보느냐 화가 나게 하는 것을 보느냐 등 매 순간 양단간에 하나를 선택할 수 있다. 그리고 그 선택에 따라 마음속에 일어나는 전쟁에서 승리할 수도 있고 패배할 수도 있다.

간단하게 말하면 무엇을 바라보든지 그 바라보는 것이 우리의 마음에 점점 더 뚜렷이 자리 잡게 된다는 것이다. 그것은 '관심의 원리'이며 그 원리의 기원은 성경이다. 그것을 명확하게 보여 주려고 나는 그 원리에 '4:8 원리'라는 이름을 붙였다.

그 원리는 다음과 같이 작용한다. 속으로 생각하든지 아니면 겉으로 드러내어 말하든지 좋은 건강을 계속 강조할수록 점점 자신이 더 건강하다고 느끼게 된다. 배우자의 좋은 점에 더 관심을 둘수록 배우자와의 관계는 점점 더 가까워지고 또 견고해진다. 아이들에게 더 많은 관심을 줄수록 아이들의 삶에 더 많은 영향을 끼치게 된다. 하나님의 약속을 깊이 묵상할수록 영적인 깨달음은 더욱 깊어진다.

그와 반대로 부당한 것을 마음에 자꾸 새길수록 우리는 더욱 좌절감에 빠지게 된다. 잘못된 것들을 떠올릴수록 점점 더 그것에 집착하게 된다.


만약 오늘 나의 감정이 궁극적으로 내가 원하는 것이 아니라면 가장 먼저 현재 누리는 축복들, 장점들, 인생에서 뭔가 잘 풀리고 있는 것들로 관심을 이동시켜야 한다. 부정적인 헤드라인을 거듭 자기 자신에게 말함으로써 부정적인 감정 순환에 박차를 가하지 마라. 그렇게 하기를 거부하라. 실수, 좌절, 절망에 대해 지나치게 말을 많이 하지 마라. 이러한 부정적 사고의 원리가 마음에 맴돌지 않도록 하라. 인생에서 만족스럽지 못한 것들에 과도하게 관심을 두면 기쁨을 빼앗기게 될 것이다.

결혼 생활, 막내아이, 허리통증, 몇몇 까다로운 이웃사람들, 이 세상에 잘못된 것들에 대해 계속 말함으로써 부정적인 감정에 부채질하지 마라. 그보다는 당신에게 귀를 기울이는 사람에게 복된 말을 해 주라. 믿을 만한 친구나 친지들에게 미래에 대한 당신의 비전을 말해 보라. 미래의 희망과 꿈에 초점을 두고 거기에 관심을 가지라. 하나님이 당신을 위해 준비하신 비밀에 싸인 미래에 관심을 두라. 감정은 마음에서 부정적인 생각을 버린 후에야 한걸음 나아갈 수 있다.

사람은 대부분 저절로 긍정적이 될 수는 없지만 그렇다고 전혀 개선의 여지가 없는 건 아니다. 우리의 삶은 우리가 가장 자주 하는, 끊임없이 붙잡는 생각을 쫓아가는 경향이 있다. 우리가 늘 어떤 기분에 젖어 있는지는 이런 생각이 가져오는 당연한 결과다. 우리가 무엇에 비중을 두는지가 우리의 기분을 결정한다. 이것은 4:8 원리의 힘이다.

무엇에 관심을 쏟느냐가 우리의 사고방식을 형성한다. 우리의 관심이 집중되는 곳에 의지도 따라간다. 뭔가를 깊이 생각하면 그것이 내면에 자리 잡게 된다. 감정은 내면에 자리 잡은 생각에 따라 좌지우지된다.

우리가 어떤 생각을 자주하게 되면 그 생각들이 마음속에서 재생산된다. 그리고 우리의 생각을 어디에 집중하느냐에 따라 우리 기분도 달라진다. 따라서 이 4:8 원리를 뒤집어서 생각해 보면 어떤 것을 무시해 버리거나 마음에서 떨쳐 버리면 그 생각은 저절로 사라질 것이다. 혹시 어떤 문제가 당신의 삶에 큰 부담을 주고 있다면 이것이 적절한 처방이 될 수 있다. 만약 부정적인 감정이 물밀듯 밀려온다면 현재 누리고 있는 축복들을 집중적으로 생각하라. 염려, 두려움, 의심거리에 관심을 주지 마라. 그런 것들에 관심을 두어 부정적인 감정에 부채질하지 마라.

무엇에 집중하느냐에 따라 기분도 달라진다는 사실을 받아들이라. 생각이 '부정적'으로 흐르면 어떤 긍정적인 것도 생산해 낼 수 없음을 기억하라.

# 4:8 원리 실행하기

## 생각연습하기 7

지금까지 내용을 살펴볼 때 먼저 생각을 업그레이드해야 감정이 업그레이드된다는 것을 알 수 있다. 따라서 생각을 업그레이드하기 위해 당신이 시도하려는 방법이나 혹은 단순히 의도적으로 더 자주 생각하려는 네 가지를 써 보라.

**1**

**2**

**3**

**4**

## 한 발짝 깊이 들어가기

좋았던 것에 초점을 맞춰 보자. 하루하루를 보내면서 그날에 일어난 긍정적인 일들과 즐거웠던 순간을 기록해서 나중에라도 떠올릴 수 있게 하라. 최소한 하루에 네 가지의 긍정적인 것들을 찾아보려고 노력하라. 만약 잠자리에서 하루 일과를 돌아보고 오늘 하루 어느 정도 성과가 있었던 부분이 있으면 글로 남겨라. 그렇게 하는데 4분 정도? 아니 그 정도도 소요되지 않지만 기쁨 상승 효과는 금방 아주 커질 것이다.

 **마음에 새기기(쪽지에 써 붙이자)**

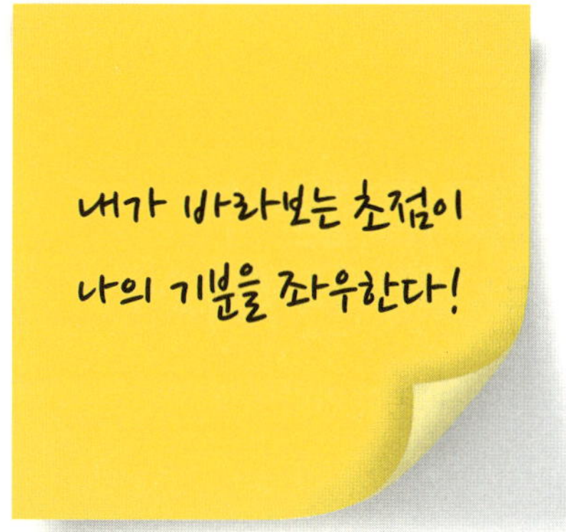

 **오늘의 기도**

하나님 아버지, 생각도 내가 선택할 수 있다는 것에 감사드립니다. 아버지께서 나를 위해 계획하신 놀라운 미래를 더욱 견고하게 하는 데 도움이 되는 생각을 오늘 하루 할 수 있도록 도와주세요.

# 나의 '본모습'을 깜빡하는 것은 이제 그만
## −내가 누구의 것인지 아는 기쁨

**나**는 아름답고 대단한 하나님의 자녀다!

성경의 진리가 비춰 주는 긍정적인 빛의 조명 아래서 나를 바라볼 때 기쁨이 가득한 삶을 훨씬 쉽게 살 수 있다. 불행히도 많은 사람들이 자신의 진정한 자아를 옳게 바라보지 못하고 하나님이 주시는 기쁨을 수시로 빼앗기고 있다. 그래서는 안 된다. 자아관은 삶의 태도에 영향을 준다. 올바른 자아관을 가지면 자신도 기쁨을 누릴 뿐만 아니라 그 기쁨이 다른 사람들에게도 전달된다.

자아관(self-concept)이란 무의식중에 자기 자신을 어떻게 바라보고 있는지 보여 주는 그림과 같다. 그것은 인생 전체를 통해 조금씩 단계적으로 형성되며 일반적으로 과거, 현재, 미래에 대한 생각이 포함된다. 자아관은 만지거나 볼 수 없지만 내면 깊은 곳에서 24시간 작동하면서 인생에 좀 더 좋은 결과로 또는 좀 더 나쁜 결과로 이끈다. 자아상(self-image)은 다른 사람들과의 교제를 바탕으로 발전되어 온 지금 자신의 모습이다. 그리고 자존감(self-worth)은 자아관을 이루는 마지막 요소로, 눈에 보이는 성취를 이룰 만큼 자신을 가치 있는 존재로 여기는지 보여준다.

내가 나를 판단할 때 마음에 떠오르는 말들과 이미지들은 나의 자아관에서 흘러나오는 것이다. 우리는 이러한 그림의 합성이 도움이 되는지 아니면 상처가 되는지를 의식적으로 인식하지 못하지만 나의 생각들, 입에서 나오는 말, 내가 취하는 행동은 전부 자아관의 지시를 받아 움직인다.

다행스럽게도 우리가 태어날 때부터 자아관을 가지고 나오는 것은 아니다. 오늘날 우리에게 있는 자아관은 지금까지 평생 동안 살면서 좋은 것이든 나쁜 것이든 우리가 노출되었던 환경과 거기서 경험했던 것들이 전부 모여서 이루어진 총체적 결과다. 따라서 우리는 주어진 문화 속에서 건강하고 생산적이고 기쁨을 생산하는 자아관을 만들고, 또 그 자아관을 유지하기 위해 끊임없이 노력해야 한다. 그렇다면 어떻게 이 자아관을 업그레이드할 수 있을까?

여기에서 핵심은 다음과 같다. 진정한 자존감은 내가 나 자신을 어떻게 느끼는지를 바탕으로 하는 것이 아니라, 하나님이 나를 어떻게 보시는지 그것만을 바탕으로 한다. 우리가 유명한 화가의 원본 그림을 소장하고 있다고 해 보자. 그것을 모사품이라고 의심한다고 해서 그 그림의 가치가 떨어지는가? 물론 아니다. 잘못된 정보 때문에 그 그림의 매매가가 잘못 결정될 수는 있지만, 일시적으로 저평가됐다고 해서 그 그림이 가진 진정한 가치가 바뀌지는 않는다. 그 그림의 가치는 원작이냐 모사품이냐에 따라 결정될 것이다.

당신은 우주를 창조하신 하나님이 직접 손으로 만드신 원본, 거작이다. 성경에서도 우리를 바로 그렇게 묘사하고 있다! "우리는 그가 만드신 바라 그리스도 예수 안에서 선한 일을 위하여 지으심을 받은 자니 이 일은 하나님이 전에 예비하사 우리로 그 가운데서 행하게 하려 하심이니라"(엡 2:10) 우리가 이 진리를 이해하든지 못하든지 우리의 진정한 가치는 하나님이 우리를 어떻게 보시는지에 달려 있을 뿐 우리의 행위나 또는 스스로를 어떻게 보는지에 달려 있지 않다.

성경은 우리 각자에 관해 다음과 같은 진리를 말해 주고 있다.

- 당신은 중요하다.(벧전 2:9)
- 당신은 용서받았다.(시 103:12)

- 당신은 새로운 피조물이다.(고후 5:17)

- 당신은 보호받고 있다.(시 121:3)

- 당신은 가족이다.(엡 2:19)

- 당신은 강하다.(시 68:35)

- 당신은 특별하다.(시 139:13)

- 당신이 창조된 데는 특별한 목적이 있다.(렘 29:11)

- 당신은 승리한다.(요일 5:3-5)

세상에는 당신과 똑같은 사람이 전에도 없었고 앞으로도 없을 것이다. 그리고 하나님은 이 세상 사람 모두를 당신과 똑같은 흙으로 만드셨다. 누구는 더 좋은 흙으로 만들거나 덜 좋은 흙으로 만들지 않으셨다. 그러므로 이 땅에서 당신의 인생은 아주 특별하며 당신을 향한 하나님의 뜻을 이루기 위한 그리고 당신에게 주신 기쁨을 극대화하기 위한, 다시 올 수 없는 유일한 기회다.

당신은 자신을 전능하신 하나님의 자녀로 보는가? 당신이 누구의 것인지 기억하라. 당신은 원본 대작이다. 당신이라는 존재는 단순히 살과 뼈가 다가 아니다. 당신은 일시적으로 인간의 삶을 경험하고 있는 영적인 존재다. 당신은 이 땅에서 영원한 삶을 위한 최종 리허설을 하고 있는 것이다. 평범하고 그저 그런 자아관은 하나님께로부터 받은 것이 아니라 세상이 주는 얼록과 오염에서 온 것이다. 그것은 하나님이 우리를 바라보시는 것과 다르게 자신을 바라볼 때 온다. 그것은 인생에 도움이 안 되는 것들을 계속 따라갈 때 온다. 그것은 우리를 깨끗하고 순결하게 하신 예수 그리스도의 피를 다 잊어버린 것처럼 계속 자기 자신을 가치 없는 존재로 생각할 때 온다. 이것은 명확하게 4:8 원리를 어기는 것이다.

자신을 하나님의 자녀로 생각할 때, 마음에 누리는 기쁨의 양이나 이 세상에 끼치는 영향력이 거짓된 생각들에 제약받지 않는다. 이것은 매우 중요하다. 왜냐하면 우리가 자신을 어떻게 느끼느냐에 따라 하나님이 우리를 통해 할 수 있는 일의 규모가 달라지기 때문이다.

자신을 낮게 보고 패배주의적으로 본다면 우리는 분명 그런 모습이 될 것이다. 이 비극적인 접근 방법은 우리에게 개인적으로 전혀 좋지 못하며 우리가 세상에 공헌할 수 있는 바를 최소화시킬 뿐이다. 그러나 자기 자신을 그리스도를 통해 넉넉히 이기는 자로(롬 8:37) 바라보기로 결심한다면 우리는 분명 그 수준에 도달하게 될 것이다.

게다가 세상은 우리가 스스로를 어떻게 평가하느냐에 따라 우리를 받아들이는 경향이 있다.

# 4:8 원리 실행하기



### 생각연습하기 8

하나님의 아름답고 놀라운 자녀가 된다는 것이 뭐라고 생각하는지 당신의 생각을 세 가지로 명확하게 써 보라.

**1**

**2**

**3**

### 한 발짝 깊이 들어가기

오늘 챕터에 나온 성경 말씀을 메모지에 쓰고 그것을 집 안 여기저기 눈에 잘 보이는 곳에 붙여 놓으라. 친구들이나 가족들에게 보내는 이메일 맨 밑에 그 성경 구절을 넣으라. 성경을 뒤져서 진정한 자아에 대해 말해 주는 내용이 더 있는지 찾아보라.

 **마음에 새기기(쪽지에 써 붙이자)**

 **오늘의 기도**

아버지, 내가 하나님의 아름답고 대단한 자녀라는 사실에 정말 놀라지 않을 수 없습니다! 오늘 하루, 내가 정말 누구의 것인지 알게 하시고 내가 생각이나 말로 나 자신을 깎아내리지 않도록 도와주세요.

# 자기 자신을 떠나 휴가를 가지라

### ─새롭게 충전하는 기쁨

때로 오직 나만을 위해 재충전하는 시간을 갖는 것은 지혜로운 생각이다. 일단 재충전되고 나면 활기가 생기고, 기쁨이 가득해지며 이 세상에서의 이런저런 어려움을 거룩한 열정으로 맞을 준비가 되었다는 느낌을 받을 것이다.

가족, 친구들과 휴가나 여행을 가는 계획을 세우는 것도 바람직하지만 혹시 자신으로부터 도피하는 것을 생각해 본 적이 있는가? 단 며칠만이라도 말이다. 이 질문이 좀 이상하게 들릴 수도 있다. 그렇다. 나도 안다. 하지만 이 실험이 뭔가 재미있을 것 같지 않은가? 물론 우리는 우리의 몸을 벗어날 수 없다. 그러나 마음속에 있는 '충전' 버튼을 눌러 관점을 새롭게 업데이트하고,

감정을 새롭게 재부팅하고, 기쁨을 위한 잠재력을 다시 회복할 정신적 휴가를 만들 수 있다.

고착된 습관들, 특히 고착된 사고의 패턴을 다양화시키는 시간을 일주일 정도 가짐으로써 정신적 휴가를 누릴 수 있다. 낡고 침체된 생각들은 우리의 머릿속에 들어와 조금씩 조금씩 자리를 차지한다. 불행히도 슬그머니 들어온 그런 생각들은 삶의 태도에 영향을 주는데 우리는 그것을 거의 알아차리지 못한다.

그대로 두고 볼 수만은 없다. 이 색다른 '휴가' 기간 동안에 아주 포착해 내기 어려운 부정적인 생각들과 이미 부정적이라는 딱지가 붙은 모든 생각들을 다 떨쳐 버리려고 노력해 보라. 다른 사람을 비판하고 정죄하는 일, 특히 배우자, 아이들, 직장 동료를 비판하고 정죄하는 것을 중단하라. 다른 사람에 대한 불평이나 뒤에서 수군거리는 것도 그만 두라.

실망했다거나 귀찮다는 뜻을 전하려고 과장된 제스처나 표정을 짓는 것도 삼가라. 비록 당신이 그런 제스처나 표정을 할 수밖에 없다고 충분히 인정되는 순간에라도 말이다. 가족이나 친구들 때문에 느꼈던 아픔, 고통, 오래된 상처에 대해 말하기를 거부하라. 걱정거리에 대한 생각이나 말은 잠정적으로 뒤로 미루라. 내 본향, 하늘나라에 있는 집으로 돌아갈 때까지 잠시 동안만 이러한 자기 파괴적인 습관을 미루어 놓아라. 건강하고 기쁨이 넘치는 이러한 '게으름'에 대해 생각해 보라.

자! 당신은 아직도 여전히 이 특이한 휴가를 기대하고 있는가? 아니면 벌써 이전으로 돌아가고 싶어서 향수병에 시달리는가?

이 영감과 재충전의 휴가 기간 동안, 우리의 목표는 4:8 원리에 따라 계속 생각하고 말하고 행동하는 것이다. 생각은 물론 입도 아름다운 것, 탁월한 것, 참된 것, 바른 것, 칭찬할 만한 것으로 채워라. 무엇을 하든지 평소에 하던 것 이상으로 기도하고 용서하라.

배우자, 친구, 가족, 직장 동료를 말로 격려하라. 이전에는 헐뜯고 수군거림의 대상으로 삼았던 사람들을 오히려 방어하고 옹호해 주라. 속으로 긍정적인 결과를 예상하고 그것을 소리 내어 말하라. 과거 그리고 현재 누리고 있는 축복들, 특히 사소하고 작은 축복들을 떠올려 보라. 좀 더 자주 미소 지으라. 더 크게 웃어라. 모든 목표를 생각하고 돌아보라.

이 비밀스럽고 평화로운 '휴가 공간'에 머물다 보면 주변 사람들과 상황들이 많이 달라 보일 것이다. 왜냐하면 미국의 사상가 헨리 소로가 말한 것처럼 "세상은 우리가 기대하고 바라는 만큼 변하기 때문이다." 당신은 기존의 대인관계나 현재 처한 상황에서 신선하고 새로운 가치를 찾게 될 것이며 내면에서 새로운 성품의 미덕을 끊임없이 발견하게 될 것이다.

그러나 주의할 것은 장애물과 너무 씨름하느라 지쳐서 목표를 놓쳐 버리기 쉽다는 것이다. 그러다 보면 미래에 대해 적대적인 생각들을 즐기고 현재라는 선물을 잃어버리기가 쉽다. 그래서는 안 된다!

일단 정신 면에서 좀 더 향상이 되면, 그 다음 단계로 다른 일상생활에서 변화를 시도해 보는 건 어떨까? 만약 당신이 평소에 책이나 잡지, 신문 등을 읽는 사람이라면 이번에는 텔레비전을 시청해 보라. 만약 밤에 텔레비전을 자주 본다면 일주일 동안 텔레비전을 보는 대신 독서를 해 보라. 아침에는 평소에 보던 것과 다른 신문을 보라. 뉴스를 일주일 정도 읽지 않는 방법도 좋다. 새로운 인터넷 웹사이트를 몇 군데 들어가 보거나 또는 지금까지 전혀 관심을 두지 않았던 잡지를 봐라.

평소에 먹지 않았던 음식을 먹어 보고 늘 가던 곳이 아닌 새로운 마트에 가서 물건을 사 보라. 아침 출근길에는 늘 가던 길이 아니라 다른 길로 가 보라. 오랫동안 만나지 못했던 친구들을 만나거나 새로운 친구를 만들어 보라. 영적인 삶에도 변화를 시도해 보라. 새로운 교회를 찾아서 예배를 드려 보라.

이런 것들은 '일부러 변화를 주려는', 그리고 자기 자신에게서 벗어나 휴가를 가질 수 있는 몇 가지 방법들이다. 이 외에도 더 다양한 방법을 스스로 구상해 볼 수 있을 것이다. 당신은 언제든지 이 짧은 휴가에서 다시 '집으로 돌아올 수 있다.' 그러나 분명 다시 집에 돌아오기 싫을 정도로 그 휴가를 아주 좋아하게 될 것이다.

# 4:8 원리 실행하기

### 생각연습하기 9

만약 '자신에게서 벗어나 휴가를 즐긴다면' 당신은 어떤 새로운 시도
를 해 보고 싶은가? 그 휴가가 갖춰야 할 네 가지 조건을 써 보거나 또
는 휴가 기간 동안 당신이 만들어 내고 싶은 변화를 써 보라.

1

2

3

4

 ## 한 발짝 깊이 들어가기

이 독특한 '자신에게서 벗어나기' 시도에 함께 동행할 수 있는 친구 한 사람을 구해 보라. 휴가를 시작할 날짜를 서로 의논해서 잡고 그 과정에서 경험한 것들을 서로 나누라. 일기장을 쓰는 것, 블로그를 작성하는 것, 또는 페이스북에 당신의 생각을 포스팅하는 것 등 여러 가지 방법을 생각해 보라.

 ## 마음에 새기기(쪽지에 써 붙이자)

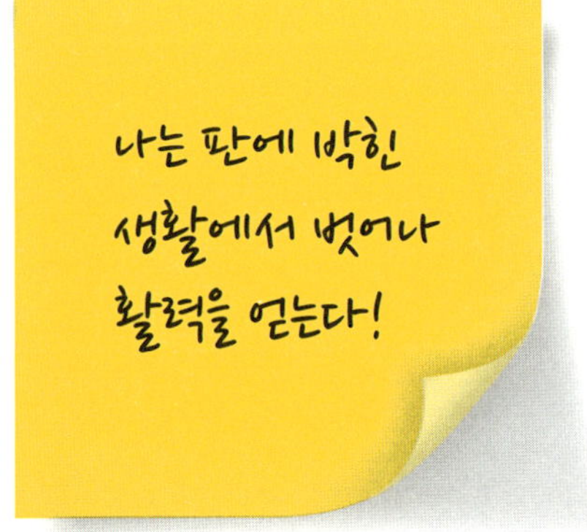

 ## 오늘의 기도

주님, 우리 각 사람이 누릴 수 있는 다양한 축복과 새로운 아이디어를 주셔서 감사합니다. 오늘 하루 낡은 것으로부터 나를 벗어나게 해 주시고 내가 주님의 창조 능력으로 말미암아 새로운 활력을 얻게 도와주세요.

# 생각을 만들어 내는 비밀 스튜디오

## −창조의 기쁨

'내일'을 아주 특별하게 살 수 있는 비결은 '오늘'을 기쁨으로 충만하게 사는 것이다. 아주 특별한 삶이란 하나님이 뜻하신 바대로 마음껏 나래를 펼치도록 나 자신을 자유롭게 하고 내 마음을 무제한의 가능성과 양질의 아이디어라는 음식으로 먹인 결과다.

나의 인간적 본성과 씨름해야 하는 이 보이지 않는 전투는 마음 안에서 이기기도 하고 지기도 한다. 매 순간, 일분일초마다 마음이라는 보이지 않는 공장에서 당신은 좋은 생각 또는 나쁜 생각, 기쁨 또는 절망, 성공 또는 실패의 사고들을 만들어 낸다. 당신은 포착하기 어려운 수많은 생각들로 자신의 인생 이야기를 엮어 나가고 있다.

좋은 것이든 나쁜 것이든 우리에게 일어나는 거의 모든 일들은 생각에서 비롯된다. 신경과학자들은 모든 사고가 두뇌를 통해 전기적인 그리고 화학적인 신호들을 보내서 궁극적으로 우리 몸의 모든 세포에 영향을 준다는 것을 밝혀냈다. 생각은 수면에, 소화에, 맥박에, 혈액의 화학적 구성 등 모든 신체 기능에 영향을 준다.

사실 우리가 마음속으로 하는 아주 개인적이고 비밀에 속하는 대화조차도 영원한 비밀로 남지는 못한다. 이러한 생각들은 머지않아 모든 사람들이 볼 수 있게끔 드러난다. 꿈, 사업 또는 결혼이 깨지려고 하면 먼저 마음에서부터 그 조짐이 시작된다. 최고의 결정이든 최악의 결정이든 각 사람의 생각에서 비롯된다.

마음으로 끊임없이 생각하는 것은 얼마 지나지 않아 입을 통해 말로 튀어나오며, 그 다음에는 행동으로 그리고 궁극적으로는 그로 인한 어떤 상황을 명확하게 만들어 낸다. 그러므로 오늘 하루 '생각은 겉으로 드러난다'는 사실을 마음에 새기라. 나아가 우리의 생각은 이 땅에서 우리의 운명을 조금씩 조금씩 만들어 간다.

마음을 거쳐 가는 모든 생각을 통해 우리는 자신과 미래를 재창조하고 있는 것이다. 연구 결과에 따르면 보통 사람은 하루에 약 오만 개 정도의 생각을 한다고 한다. 이것은 정말 좋은 소식이다. 좋은 생각을 한다면 말이다. 반대로 만약 나쁜 생각을 한다면 당연히 이것은 나쁜 소식일 것이다. 모든 생각은 하나님이 주신 어마어마한 양의 잠재된 기쁨을 향해 우리를 나아가게 하거나 또는 멀어지게 한다. 우리는 우리의 생각이 '의식의 경계선'에 있거나 '의식과 무의식 사이에' 그냥 있도록 내버려 두지 않는다. 그리고 사람은 항상 무슨 생각이든 하게 되어 있다.

그런데 불행히도 오늘 우리가 생각하는 사고의 약 90퍼센트는 어제나 그저께 있었던 일과 관련된 것들이다. 이렇게 깊이 파고든 생각들은 예견된 결과를 가져온다. 이것은 왜 대부분의 사람들이 긍정적인 변화를 거부하는 경향이 있는지를 보여 준다. 한 번 굳어진 생각은 변화하려는 좋은 의도보다 사람에게 미치는 영향력이 더 크기 때문에, 그 결과 현상을 유지하는 쪽으로 가는 것이다.

우리의 목표가 기쁨이 가지는 잠재력을 극대화하는 것이라면, 먼저 자신을 정신적으로 훈련해야 한다. 이것은 우리가 해야 할 몫이기 때문에 주인의식을 가지고 해야 한다. 그러면 하나님이 우리의 믿음을 인정하시고 탁월한 삶을 살 수 있도록 능력을 부어 주실 것이다.

무작위적이고 감정적인 생각에서 의도적이고 목적의식을 가진 생각으로 바꾸라. 하나님의 약속을 마음 깊이 믿을 때 생각하게 되는 그런 생각들을 하라. 불편함, 지연, 실망감 등으로 마음이 일그러지지 않게 하라. 어려움에 대해 말하기보다 하나님에 대해 말함으로써 앞에 놓인 태산들을 작은 동산으로 만들어라. 다른 사람에게 좋은 의도가 있다고 가정하라. 기도 응답을 받았을 때의 기분을 유지하라.

로마서 12장 2절에 보면 변화는 마음이 새로워진 결과임을 알 수 있다. 사도바울은 "너희는 이 세대를 본받지 말고 오직 마음을 새롭게 함으로 변화를 받아 하나님의 선하시고 기뻐하시고 온전하신 뜻이 무엇인지 분별하도록 하라"라고 말했다. 이 말은, 삶의 도약은 생각의 향상에서 비롯된다는 뜻이다. 기쁨 가득한 생각이 더 많은 기쁨을 가져온다. 먼저 하나님의 손 안에서 생각과 감정을 다시 훈련하고 그러고 난 뒤 하나님이 당신의 인생을 위해 준비하신 최고의 것을 누리라.

많은 사람들이 이 세상의 흐름을 따라간다. 사람들은 하나님께 자기들의 마음을 변화시켜 달라고 간절히 간구해야 할 때인데도 상황만 바꿔 보려고 애쓴다(건강, 결혼 생활, 재정, 중독 등). 그러나 먼저 우리의 마음을 새롭게 하면 우리를 둘러싼 상황과 조건은 저절로 바뀌기 마련이다.

# 4:8 원리 실행하기

### 생각연습하기 10

당신이 어떤 종류의 사람이 되려고 결심했는지 보여 주는 여덟 가지 긍정적인 말을 써 보라. 모든 문장은 "나는"이라는 말로 시작하도록 하라.

1
2
3
4
5
6
7
8

### 한 발짝 깊이 들어가기

우리의 삶은 우리의 생각대로 끌려간다. 부정적인 생각의 영향을 받지 않으려면 생각을 개선하라. 이렇게 하기 위해 앞으로 40일 동안 당신의 생각을 향상시키고 마음을 새롭게 바꿀 수 있는 방법 여덟 가지를 생각해 보라.

1

2

3

4

5

6

7

8

 **마음에 새기기(쪽지에 써 붙이자)**

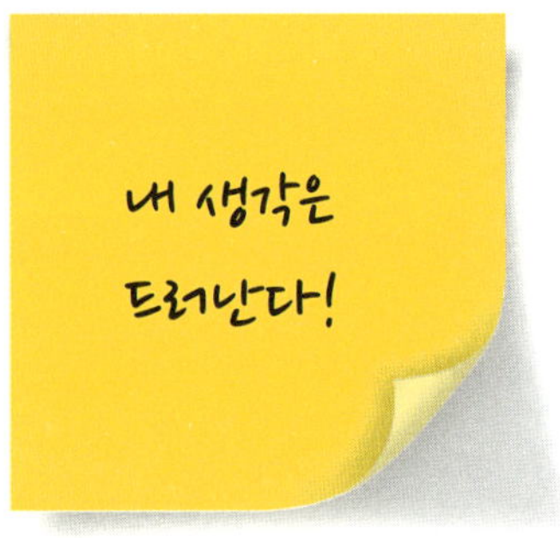

 **오늘의 기도**

하나님 아버지, 나에게 생각을 다스릴 수 있는 권세를 주셔서 감사합니다.

오늘 새로워진 마음과 그에 따른 긍정적인 변화로 나를 축복해 주세요.

# 늘 감사를 선택하며 살기

## −감사의 기쁨

감사는 기쁨을 낳는다.

감사는 기쁨 가득한 사람들과 사건들을 나의 삶으로 자연스럽게 끌어들이는 자기장과 같다. 감사의 마음을 느낀다는 것은 삶의 풍성함에 감사하는 생각을 늘 한다는 뜻이다. 마찬가지로 뭔가 부족하다고 느낀다고 해서 그것이 실제로 삶이 결핍된 것은 아니다. 오히려 그것은 현재 자신이 가진 것을 생각하지 않고 자신에게 없는 것을 최근에 계속 생각했을 가능성이 있다는 뜻이다.

배우자가 짜증나게 하는 것만 계속 생각했을 수 있고, 처음 그 사람과 결혼하려고 마음먹었던 이유는 잊어버렸을 수가 있다. 재정적인 어려움만 계속 생각하고, 돈으로는 살 수 없는 현재 누리고 있는 모든 것들은 잊어버리고 있을 수가 있다.

감사는 마음의 동요를 평화로 바꾸어 주는, 침체에서 창조로 바꾸어 주는 정신적인 기어 변경과 같다. 감사는 우리를 현재의 순간으로 돌려주며, 지금 현재 삶에서 잘 풀리고 있는 모든 것을 보게 해 준다. 감사는 우리의 마음이 기쁨의 성향을 갖게 하며 바람직한 태도를 갖게 하는 모퉁잇돌과 같다. 아주 특별한 감사는 항상 감사를 표하고 또 상대방을 높이는 행동이다.

감사는 타고난 것이 아니다. 그렇게 말할 수 있어서 다행스럽고 기쁘다. 우리가 감사를 배울 수 있다는 사실이 최소한 감사하지 않은가?

감사는 배우는 것이며 평생에 걸쳐 기르는 것이다. 의지적으로 감사를 배우기 위해서는 세 가지 관점으로 감사를 바라보면 도움이 된다.

첫째, 감사는 선택이다. 그것은 인생에서 부족한 것이나 결점보다 축복에 생각의 초점을 맞추려는 의식적이고 의도적인 결정이다. 축복에 초점을 맞출 때 인생이 풍성하게 느껴진다. 그러나 없는 것에 초점을 맞추면 인생이 불완전하게 느껴질 것이다. 둘째, 감사는 느낌이다. 그것은 선물을 받을 때 그 선물에 감사하는 감정이며 기쁨으로 반응하는 기분이다. 그것이 구체적인 물건이든 아니면 추상적인 몸짓이든지 말이다. 셋째, 감사는 역량이다. 그것은 일상적인 상황과 인간관계 속에서 가치를 만들어 내는 기술이며 그 기술은 습득하는 것이다.

2006년 미국 대통령 선거일에 나의 친구이자 오랜 고객인 보 잭슨이 그의 집 근처에서 자동차 사고를 당해 아들 파커를 잃었다. 몇 달 후에 그는 나와 함께한 자리에서 파커의 죽음을 어떻게 받아들였는지 말해 주었다. 그는 공책을 펴고 간단한 그림을 그렸다.

종이 맨 위에 그는 '하나님'이라고 썼고 그 바로 밑에 '비통함, 은혜, 감사'라는 말들을 왼쪽에서 오른쪽 방향으로 하나씩 썼다. 그리고 맨 밑에는 '선하심'이라고 썼다. 그는 그림표를 가리키면서 그의 사고 자체에는 아무것도 선한 것이 없었지만 그들이 비통해하고 있을 때 그들 가운데 임재하신 하나님이 그와 그의 아내 로렌에게 큰 위로를 주었다고 말했다.

분명 하나님의 은혜는 충분하며 차고 넘친다. 비록 평범하지 않은 상황 속에서도 말이다. 그러나 그가 말했듯이 그들이 부모로서 느꼈던 평화는 적극적으로 감사를 연습했느냐 아니냐에 따라서 매우 달랐을 것이다. 왜냐하면 그런 상황에서 부모가 그런 감정을 느낀다는 것은 어떻게 보면 불편하고 부자연스러운 것이기 때문이다.

비통한 중에 보와 로렌은 아들의 죽음으로 말미암아 아들과 함께할 수도 있었던 잃어버린 세월에 대해 생각하기를 의식적으로 거부하고, 그 대신 파커와 16년간 함께했던 세월에 대해 하나님께 감사했다. 그럴 때 그들은 하나님의 은혜와 평화를 놀라울 정도로 깊이 체험할 수 있었다. 그들은 파커가 구원받았다는 사실에 집중했고 그의 사고로 말미암아 다른 청소년들이 구원받았다고 생각했다. 그때 그들은 하나님의 선하심이 그들을 통해 흐르는 것을 느꼈다. 하나님의 약속 위에 굳게 서서 오직 그 약속만 바라보면서 그들은 놀라운 믿음을 보여 주었다.

오늘 챕터의 결론은 강하고 기쁨에 넘치는 삶을 살도록 도와주는 감사의 힘에 깊은 관심을 가지라는 것이다. 당신은 감사가 기쁨의 삶에 얼마나 중요한지 알았을 것이다. 그렇다면 당신은 생각, 말, 행동으로 끊임없이 감사를 표현하는가?

다른 사람들에게 당신은 이상하리만큼 감사를 많이 하는 사람으로 비춰지는가? 할 일이 많고 정신없이 바쁜 오늘날의 문화는 우리가 선한 의지를 가지고 살아가지 못하도록 자주 방해한다. 우리는 현재 누리고 있는 축복을 당연한 것으로 여기기가 쉽다. 당신은 자신이 얼마나 감사하며 살아간다고 생각하는가?

다음 질문들을 사용해서 자신을 평가해 보는 시간을 가지라.

- 당신의 가족에게 있는 긍정적이고 독특한 점은 무엇인가?
- 감사가 어떻게 시련 속에서도 하나님의 은혜를 경험하도록 해 주었는가?

- 당신이 이미 성취한 목표 중에서 가장 흥미로웠던 목표는 무엇인가?

- 당신의 몸의 어떤 부분이 아무 문제없이 좋은 상태를 유지하는가?

- 최근에 하나님이 당신의 삶에 어떤 방식으로 하나님의 은혜를 나타내었는가?

- 최근 한 달 동안 당신이 받았던 칭찬 중에 가장 좋았던 것은 무엇인가?

- 당신이 다른 사람들에게서 배운 교훈 중에 가장 귀한 것은 무엇인가?

- 지난주에 당신이 듣거나 보았던 가장 아름다운 것은 무엇인가?

- 뒤돌아볼 때 과거에는 좀 힘들었지만 어떤 면에서 오히려 축복으로 바뀌었거나 또는 오히려 유익하게 된 것들이 있는가?

- 다음 해 이맘때쯤에 당신이 가장 첫 번째로 감사하게 될 것은 무엇 같은가?

당신은 지금까지 어땠는가? 만약 당신이 평소에 감사하는 태도를 함양해 왔다면 앞의 질문 중 대부분에 주저하지 않고 답했을 것이다. 왜냐하면 당신은 모든 상황에 대해 긍정적으로 생각할 것이기 때문이다. 당신을 둘러싼 여러 가지 축복들로 인해 하나님께 감사한 적이 있는가? 당신이 가장 사랑하는 사람들은 당신이 그들에 대해 얼마나 감사하는지 알고 있는가? 4:8 원리에 따라 사는 사람은 더 많이 가져야 더 많이 감사하는 사람이 아니다. 삶에서 힘든 것보다 축복을 더 많이 생각하는 사람이다.

# 4:8 원리 실행하기

## 생각연습하기 11

당신이 누리고 있는 아주 귀한 축복들에 대해 생각해 보고 표 왼쪽 칸에 쓰라. 오른쪽 칸에는 당신이 생각, 말, 행동으로 얼마나 꾸준히 감사해 왔는지 써 보라.

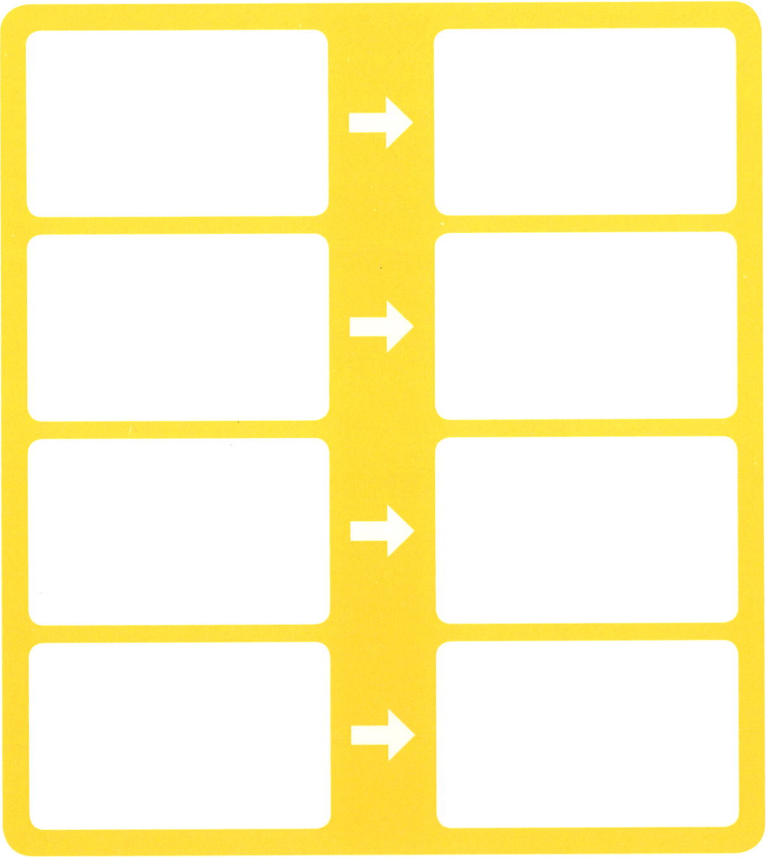

### 한 발짝 깊이 들어가기

오늘 하루 동안 '48초 감사 쓰기'를 즐겨라. 당신의 핸드폰이나 또는 시계에 알람을 맞추라. 알람이 울리면 잠깐 멈추고 현재 당신의 인생에서 잘 풀리고 있는 여러 가지 것들을 생각해 보라. 당신이 사랑하는 사람들, 고객들, 동료들에 대한 짧은 감사의 기도를 드리라. 그들에게 감사의 메시지를 한 통 날리라.

### 마음에 새기기(쪽지에 써 붙이자)

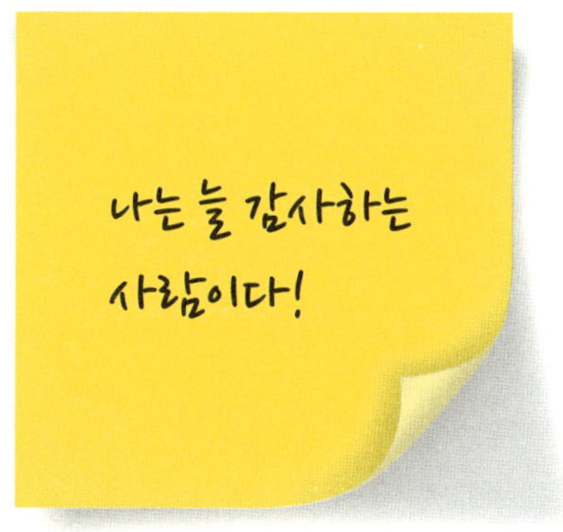

### 오늘의 기도

하나님 아버지, 적극적으로 감사하는 연습을 함으로써 느끼는 이 마음의 부요함은 값을 매길 수 없을 정도로 귀합니다. 그로 인해 감사드립니다. 오늘, 분명하게 감사함으로 사람들을 축복할 수 있도록 해주세요.

# 배우자는 찾는 게 아니라 만드는 것

## −결혼 생활의 기쁨

결혼하면 좋기도 하고 나쁘기도 하다.

이것은 그다지 쇼킹한 말도 아니다! 세상 모든 남편과 아내는 불완전하며 둘 다 수많은 장점은 물론 단점도 가지고 있고, 게다가 앞으로 얼마나 서로 잘 맞을지 예상할 수도 없다. 결과적으로 부부 관계 만큼 빌립보서 4장 8절의 조언이 실제적으로 적용되고, 가치를 발휘하며, 더 깊이 준수해야 할 영역도 없을 것이다.

결혼의 기쁨에는 반드시 따라오는 잡음도 있다. 각각 서로 다른 두 사람이 영구적으로 하나가 되는 과정이 얼마나 복잡할지 생각해 보라! 게다가 상대방에게 아무 대가도 요구하지 않고 말이다! 이것이 하나님의 계획이다. 하나님은 결혼을 통해 거룩하신 하나님의 사랑을 나타내기를 원하셨다. 마치 하나님이 "먼저 우리를 사랑하신" 것처럼(요일 4:19) 우리는 우리의 배우자를 먼저 사랑해야 한다. 배우자가 별로 사랑스럽지 못한 행동을 할 때라도 말이다. 사실 배우자가 우리에게 잘해 줄 때만 배우자를 사랑한다면 그것을 과연 사랑이라고 할 수 있을까?

결혼식에 자주 등장하는 성경의 '사랑장'에서 바울은 사랑을 아래와 같이 묘사했다.

사랑은 오래 참고 사랑은 온유하며 시기하지 아니하며 사랑은 자랑하지 아니하며 교만하지 아니하며 무례히 행하지 아니하며 자기의 유익을 구하지 아니하며 성내지 아니하며 악한 것을 생각하지 아니하며 불의를 기뻐하지 아니하며 진리와 함께 기뻐하고 모든 것을 참으며 모든 것을 믿으며 모든 것을 바라며 모든 것을 견디느니라 사랑은 언제까지나 떨어지지 아니하되 예언도 폐하고 방언도 그치고 지식도 폐하리라(고전 13:4-8)

이것은 정말 수준 높은 사랑이 아닐 수 없다. 그런데 이 고귀한 수준의 사랑을 삶 가운데서 실제로 행하는 것이 바로 빌립보서 4장 8절의 가르침을 따르는 것이다. 고린도전서는 사랑에 대해 정의해 주는 반면 빌립보서는 그 사랑을 실천하는 정신적인 경로를 우리에게 보여 주고 있다.

배우자에 관한 우리의 생각은 부부 관계의 기초를 견고하게 하거나 취약하게 하거나 둘 중에 하나다. 배우자에 대한 생각에는 이도 저도 아닌 중간이라는 게 없고 중요하지 않은 것도 없다. 따뜻하게 배려하는 생각들은 상대를 세워 주고, 차갑고 이기적인 생각들은 상대를 무너뜨린다.

이 지구상에 존재하는 사람 중에 그 누구도 배우자만큼 우리의 존재 가치에 큰 영향을 주지는 못할 것이다. 사실 부부 간에는 두 사람의 전체적인 만족감의 정도를 정해 주는 부부 자아상이 있다. 다른 말로 하면 남편이 아내를 세워 줄 때 남편은 전반적인 부부 관계를 세우게 되는 것이고, 아내가 남편을 잘 내조하면 아내는 자신이 갈망하는 미래를 다지는 것이다. 이것은 1년 365일 마음에 간직해야 할 만큼 중요하다. 아내와 남편은 하나이며 함께 인생을 헤쳐 나가기 때문에 한마음으로 감사, 은혜, 위대성을 추구하면서 나아가야 한다. 그렇지 않겠는가?

결혼은 인생의 다른 영역과 마찬가지로 항상 좋거나 항상 나쁠 수 없다. 당연히 영구적인 인간관계는 좋을 때도 있고 나쁠 때도 있다. 그러나 어려울 때라고 해서 모든 것이 다 엉망진창인 것은 아니다. 어려울 때도 여전히 감사할 것은 있다. 물론 좋을 때도 스트레스나 힘든 부분은 있기 마련이다. 모든 것이 완벽할 수는 없다. 어쩌면 결혼 생활에서 오는 부담감은 하나님이 우리가 행복해지는 것보다 영적으로 성장하기 바라는 것과 더 관련이 있지 않을까?

감사하게도 나는 심리치료사 마크 크로퍼드 박사와 종종 대화를 나누는 기회를 갖는다. 그는 자신의 강의를 들으러 오는 청중들에게 거듭 "결혼 대상은 찾는 것이 아니라 만들어 가는 것이다"라고 말한다. 그는 다음과 같은 가르침으로 결혼 대상을 찾는 오늘날의 문화에 반대되는 경고를 주고 있다. "배우자감을 찾는다는 생각은 헛된 꿈이다. 최고의 배우자는 오랜 세월에 걸쳐 둘이 함께 만들어 가는 것이다. 인생의 최고의 때와 최악의 시기를 함께 경험하고 나눔으로써 만들어지는 것이다."

결혼 대상을 찾는다는 잘못된 개념은 서로 다른 두 사람이 평생 함께 살아가는 과정에서 자연스럽게 생겨날 수 있는 팽팽한 긴장과 관련해서 '저 사람은 내 짝이 아닌 것 같아' 등과 같은 각종 억측을 만들어 낸다. 슬프게도 많은 부부들이 결혼서약을 지켜야 하는 한 가지 이유를 찾는 대신 무심하게도 서로에게 맹세했던 서약을 쓰레기통에 던져 버릴 각종 타당한 이유거리만 생각할 때가 많다. 마치 결혼서약서에 아주 작은 글씨로 예외조항이 기록되어 있어 꼭 지켜야 한다는 듯 말이다.

많은 남편과 아내들이 단지 그럴 기분이 아니라는 이유로 서로에게 긍정적인 관심을 보이지 않는 행동을 합리화한다. 그런

데 불행히도 이런 기분은 양질의 관계에 급브레이크를 밟는 감정 습관으로 신속히 굳어 버릴 수 있다. 사람들은 자신의 불쾌한 감정을 뒷받침해 줄 물리적인 증거를 찾는 데 긍정적인 에너지를 낭비한다. 그리고 세상의 모든 부부들은 서로에게 실망하면서 살기 때문에 배우자에게 불만을 가질 만한 증거는 언제든지 찾아낼 수 있다.

그러나 이제 당신은 이러한 불쾌한 감정들이 우연히 생긴 것이 아니라는 사실을 알 것이다. 그런 감정은 그런 마음을 끊임없이 부채질하는 생각을 즐기는 데서 자연스럽게 생긴다.

남편들은 마음속으로 계속 비통해하면서 아내에 대해 사랑 이하의 감정을 갖도록 자신을 프로그램화 한다. 아내들은 '실망, 불만족'이라는 양념에 생각을 폭 절여 두면서 행동까지 그렇게 하는 지경에 이른다. 이래야만 할까?

부부 관계에서 당신은 과거의 기억에 머무른 채 시간을 보내는 경향이 있는가 아니면 미래를 함께 꿈꾸는 데 많은 시간을 보내는가?

당신은 의도적으로 배우자에게 위대한 용사가 되어 줌으로써 부부 관계를 강화사킬 수 있다. 누구나 상대방이 칭찬하고 격려할 만한 일을 했을 때는 칭찬하고, 격려하고, 세워 줄 수 있다. 그러나 그와는 달리 아내에게 있는 그런 점을 미리 앞당겨 생각하면서 아내를 칭찬하고 격려하고 세워 줄 수 있다. 배우자의 좋은 점이 아직 보이지 않더라도 부부 관계를 건강하게 유지하기 위해 배우자의 사랑스러운 점, 탁월한 점, 감사할 만한 점을 인정하고 칭찬하는 것이다. 당신이 배우자에게 4:8 원리에 기초해서 행동하면 자신도 사기가 올라가고 부부 관계도 좋아진다는 것을 기억하라! 정말 해 볼 만한 거래가 아닌가!

## 4:8 원리 실행하기

### 생각연습하기 12

나의 배우자에 대한 좋은 점 세 가지를 찾아보라. 그리고 그 세 가지가 왜 중요한지 써 보라. 그러고 난 뒤 밑에는 배우자에게 좀 더 고마움을 표현할 만한 방법 몇 가지를 생각해 보라.

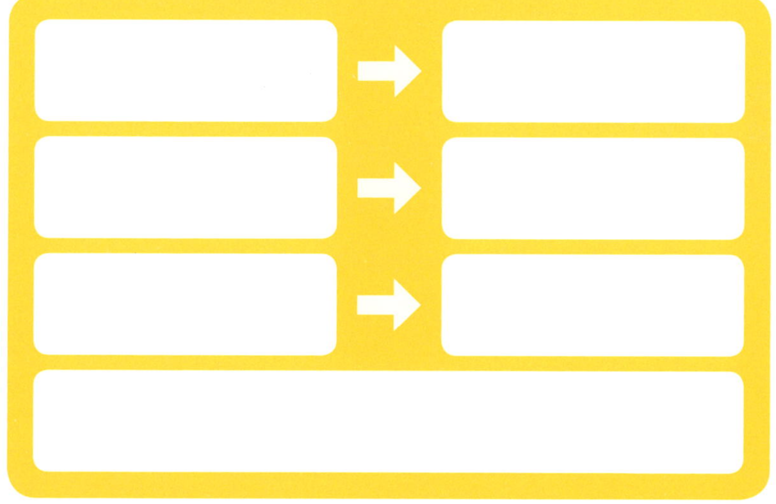

 **한 발짝 깊이 들어가기**

하나님이 그의 뜻 가운데 의도적으로 당신과 아내(또는 남편)가 서로 만나서 결혼하게 하셨다면 왜 하나님이 두 사람을 하나 되게 하셨는지 그 구체적인 이유를 네 가지만 제시해 보라. 당신이 제시한 이유를 뒷받침할 만한 증거는 무엇인가? 배우자를 통해 하나님이 당신에게 주신 선물에 대한 감사를 표하라.

 **마음에 새기기(쪽지에 써 붙이자)**

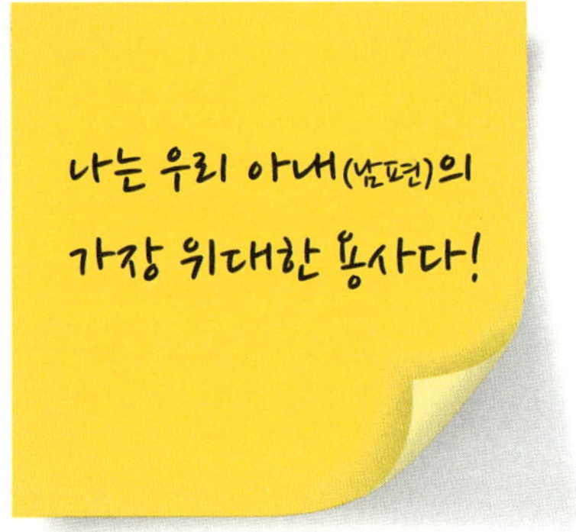

 **오늘의 기도**

하나님 아버지, 우리 부부를 향한 아버지의 놀라운 계획에 감사드립니다. 오늘 우리 두 사람에게 감화 감동을 주셔서 우리의 생각, 말, 행동이 우리가 결혼할 때 했던 서약과 일치하게 도와주세요.

# 그가 가진 것을
# 나도 갖고 싶다

### —호기심의 기쁨

이것은 세상에서 가장 위대한 삶의 태도다.

인간에게 있는 자산 중에 이것만큼 매력적인 것은 없을 것이다. 그 모습이 순수하고 희석되지 않은 것이라면 말이다. 이런 태도를 가진 사람들은 그것이 가진 엄청난 가치를 잘 헤아리지 못한다. 이 태도를 가진 사람들을 보면 그들에게는 뭔가 다른 점이 있다는 것을 발견할 수 있다. 안절부절못하는 일이 거의 없고, 단순히 외적인 것에 의해 일희일비하지 않으며, 내면은 평안하다. 어떤 상황에서도 그들은 자신이 받은 축복에 적극 감사하며 좋을 때나 나쁠 때나 사랑의 마음으로 살아간다.

이러한 태도는 마음의 결단을 통해 생겨나며, 올바른 생각의 양분을 공급받으면서 잘 자라다가 때가 되면 세상으로 나아가게 된다. 이 태도는 삶이라는 전쟁터에서 엄청난 시험을 받더라도 온전히 성장하며 절대로 빼앗기지 않는다. 이 태도는 무엇인가? 아마 당신은 그것이 무엇인지 눈치 챘을 것이다.

그렇다! 그것은 기쁨이다.

2일차에 나누었던 것처럼 만약 하나님이 당신을 향한 위대한 계획을 가지고 있다고 믿는다면 그 믿음은 많은 것을 바꿀 것이다. 만약 그것을 진심으로 믿는다면 당신은 세상 사람들 앞에서 그 믿음을 숨길 수 없을 것이다. 왜냐하면 믿음은 가둬 둘 수 없기 때문이다.

기쁨은 성령의 감동을 통해 내면의 성장이 맺은, 억누를 수 없고 전염성이 강한 열매다. 그것은 견고하고 흔들리지 않는 깊은 믿음에서 생겨난, 사랑받을 만하며, 순수하며, 칭찬받을 만한 가치가 있는 것들을 계속 생각하고 그 생각에 머물러 있은 결과다. 기쁨은 하나님의 약속을 믿는 내면의 믿음이 외적으로 드러난 표시다. 그것은 일종의 행동하는 방식이며 영적 성숙의 증거다.

성경은 기쁨에 대한 말로 가득하다. 시편 90편 14절은 하나님의 사랑이 우리에게 기쁨을 주신다고 말한다. "아침에 주의 인자하심이 우리를 만족하게 하사 우리를 일생 동안 즐겁고 기쁘게 하소서" 이 외에도 기쁨은 하나님을 믿으면 누리게 되는 하나님의 선물이다. 사도바울은 로마서 15장 13절에서 "소망의 하나님이 모든 기쁨과 평강을 믿음 안에서 너희에게 충만하게 하사 성령의 능력으로 소망이 넘치게 하시기를 원하노라"라고 말했다. 기쁨은 너무 멀어서 도달하기 힘든 목적지가 아니다. 오히려 그것은 매일의 여정을 위해 선택하는 오솔길이다. 감정적 건강의 총체이자 본질인 기쁨은 전율을 느끼며 환희에 찬 인생을 살아가는 것이며 하나님의 뜻을 받아들이고 진리에 맞게 행동함으로써 얻게 되는 뚜렷한 결과다. 기쁨은 마음의 상태며 만약 우리가 다른 사람들을 하나님의 뜻대로 사랑하고 그들에게 영향을 주고 싶다면 기쁨이라는 마음의 상태를 반드시 의도적으로 개발해야 한다.

누군가 즐겁고 좋은 시간을 갖는 것을 보면 자연스럽게 호기심이 발동된다. 그 비결이 뭔지 알고 싶어진다. 급기야 우리는 그들의 방법을 따라하고 싶어진다. 살을 많이 빼서 이제는 날씬해졌고 건강해진 사람을 보면 그가 어떻게 했는지 알고 싶어질 것이다. 특히 우리가 몇 그램이라도 살을 빼고 싶다면 말이다. 만약 우리 이웃들이 투자를 잘했다고 하면 그들의 투자 전략을 알고 싶을 것이다. 만약 친척 중에 좋은 성품을 가진 젊은 청년 몇 명을 본다면 어떻게 양육하면 그런 좋은 열매를 맺는지 알고 싶어질 것이다. 때로는 음식점에서 종업원이 맛있어 보이는 음식을 가져오면 그에게 그게 뭔지 물어볼 것이다. 이러한 호기심은 자연스러운 것이며 항상 생기기 마련이다.

그리스도인들이 기쁨 충만한 삶을 살아야 하는 주된 이유는 우리의 삶이 말보다 더 강한 메시지를 전달하기 때문이다. 우리의 삶의 모습은 사람들의 마음을 끌거나 그렇지 않거나 둘 중 하나다. 우리의 삶의 모습이 사람들을 하늘나라로 인도하든지 그렇지 못하든지 둘 중 하나다.

기쁨으로 사는 것은 인간이라면 누구나 타고난 권리다. 그것은 하나님의 모든 자녀들을 향한 하나님의 뜻이다. 사도바울은 "항상 기뻐하라 쉬지 말고 기도하라 범사에 감사하라 이것이 그리스도 예수 안에서 너희를 향하신 하나님의 뜻이니라"(살전 5:16-18)라고 말했다. 하나님의 자녀인 우리는 넘치는 기쁨의 축복을 받을 상속자로서의 권리가 있다. 만약 우리가 그리스도를 통해 하나님과 화목하다면 하나님은 우리를 귀한 존재라고 선포하신다.

그 결과 우리는 삶을 통해 기쁨을 드러내도록 부르심을 받게 되며 그래야 할 책임이 생긴다. 기쁨이 넘치는 삶이 완벽한 삶을 의미하지는 않는다. 게다가 그것은 위대한 삶도 아니다. 오히려 그것은 어떤 일이 일어나더라도 하나님을 깊이 신뢰하며 하나님에게는 당신을 향한 놀라운 계획이 있다는 것을 믿는 삶이다.

기억하라. 이것은 당신이 인생을 향해서 쏘는 한 방이라는 것을. 어디를 가든지 기쁨에 찬 얼굴을 하라. 당신을 보고 있으면 사람들에게서 호기심이 저절로 발동하게 만드는 그런 식으로 살아가라. 사람들이 "그가 가진 것을 나도 가지고 싶다!"라고 말하게 만드는 삶을 살아라.

## 4:8 원리 실행하기

### 생각연습하기 13

지금까지 당신의 삶이 어떤 종류인지를 평가해 볼 것이다. 왼쪽 칸에는 최근에 별로 기쁘지 않았던 순간들을, 오른쪽 칸에는 세상과 함께 기쁨을 나누었던 순간들을 묘사해 보라. 그리고 아래 칸에는 이 부분에서 향상을 이룰 수 있는 몇 가지 아이디어들을 써 보라.

| 별로 기쁘지 않았던 순간들 | 기쁨을 나누었던 순간들 |
| --- | --- |
|  |  |

 **한 발짝 깊이 들어가기**

당신이 삶의 여러 가지 영역에서 얼마나 기쁨을 누리고 있는지 평가해 보라. 점수를 1에서 5로 잡고 가장 긍정적인 영역을 5로 그 반대를 1로 잡은 후 자신을 평가해 보라. 친구들에게 하는 당신의 말, 행동은 창조주에 대한 당신의 믿음과 기쁨을 반영하는가?

부부 사이의 대화 또는 배우자에 대해 말할 때 그 말에는 앞으로 배우자와 함께 놀라운 미래를 기대하고 있음을 보여 주는가? 자녀들이 당신의 말 습관과 대인관계를 본받는다면 기쁨을 누리며 살 것 같은가? 당신의 운동, 식사, 수면 습관이 기쁨 가득한 삶을 살도록 잘 관리되고 있는가? 당신의 영적인 삶은 어떤가? 최근에 어떤 사람이 호기심을 가지고 당신의 신앙에 대해 물어보았는가?

 **마음에 새기기(쪽지에 써 붙이자)**

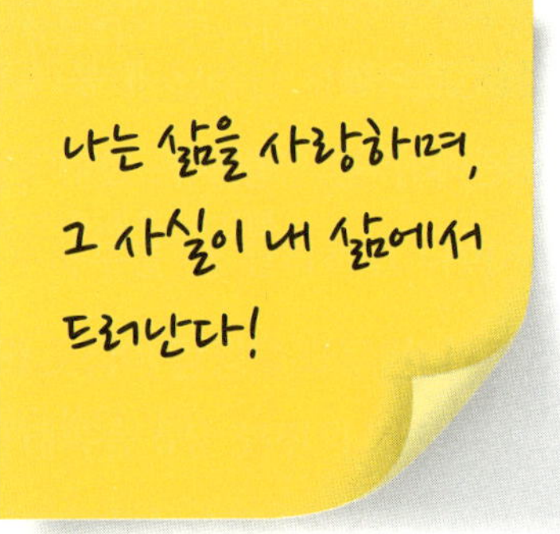

 **오늘의 기도**

하나님 아버지, 내가 손만 뻗으면 기쁨에 닿을 수 있게 해 주셔서 감사합니다. 오늘, 내가 좀 더 많은 사람들을 아버지에게로 이끌 수 있도록 생각하고 말하고 행동하게 도와주세요.

# 현재라는 선물의 축복

## −지금 이 순간을 누리는 기쁨

하나님은 우리의 마음을 아주 강하게 만드셨다. 이 정신적 자원은 창조주께서 주신 아주 놀라운 축복이다. 게다가 더 좋은 것은 하나님이 우리에게 마음을 명령할 수 있도록 해 주신 것인데 그것은 우리에게 허락된 자유의지의 일부다. 그렇다고 우리가 이 능력을 반드시 사용해야 한다는 뜻은 아니다. 그러나 언제든지 사용할 수 있다.

성경은 뿌린 대로 거둔다고 분명하게 가르친다. 아주 간단하지만 실천하기는 쉽지 않다. 먼저 뿌리고 그 다음에 거둔다. 이 법칙이 생각이라는 영역보다 더 명확하게 드러나는 곳은 없을 것이다. 갈라디아서 6장 7절에서는 "스스로 속이지 말라 하나님은 업신여김을 받지 아니하시나니 사람이 무엇으로 심든지 그대로 거두리라"라고 말한다. 고린도후서 9장 6절에서는 "적게 심는 자는 적게 거두고 많이 심는 자는 많이 거둔다"고 경고한다.

우리의 행동처럼 생각도 그에 따른 결과를 열매 맺는다. 아무리 노력해도 생각은 이런데 결과는 저렇다고 말할 수는 없다. 부부 관계를 문제없이 잘 유지하고 있으면서 배우자에 대해 비판적으로 생각할 수 없다. 사과를 심었는데 오렌지를 거둘 수 없는 것처럼 부정적으로 생각하면서 긍정적으로 살아갈 수는 없다. 기쁨이 넘치는 삶을 살고 싶다면, 당신을 향한 하나님의 목적을 이루는 삶을 살고 싶다면 반드시 우리의 생각을 하나님의 생각에 맞추어야 한다.

생각에는 과거, 현재, 미래가 없다. 지금 이 순간만 있을 뿐이다. 생각은 현재의 선물이다. 행복한 추억도 현재 누리는 기쁨이고 슬픈 기억도 현재 겪는 고통이다. 따라서 현재 원하지 않는 바를 생각하고, 말하고, 걱정한다면 당신은 절대로 현재 원하는 것을 누릴 수 없다.

기쁜 생각을 하지 않으면서 기쁨으로 충만하기가 가능한가? 희망과 행복을 생각하면서 동시에 기분이 우울해질 수 있는가? 분노가 생기고 화가 나고 억울한 생각들을 하면서 사랑의 행동을 하는 것을 상상할 수 있는가? 답은 간단하다. 'No!'

올바른 생각의 중요성은 구약과 신약성경 전체에 걸쳐 강조

되어 있다. 잠언에서는 "대저 그 마음의 생각이 어떠하면 그 위인도 그러한즉"(잠 23:7)이라고 하였으며 또한 "모든 지킬 만한 것 중에 더욱 네 마음을 지키라"(잠 4:23)라고 가르친다.

예수님은 우리의 믿음대로 된다고 반복해서 말씀하셨다. 예수님은 산상수훈에서 음욕을 품는 것만으로도 죄라고 가르치시면서 "네 눈이 성하면 온 몸이 밝을 것이요"(마 6:22)라고 이 점을 강조하셨다. 마태복음 15장 18절에서도 입으로 들어가는 것이 사람을 더럽게 하는 것이 아니라 마음, 즉 사람의 생각하는 방식이 사람을 더럽게 하는 것이라고 말씀하신다.

예수님은 사람이 어떤 생각을 계속하게 되면 얼마 지나지 않아 그것이 행동으로 나타나게 된다는 것을 잘 아셨다. 바울도 마찬가지로 "모든 생각을 사로잡아 그리스도에게 복종하게 하니"(고후 10:5)라고 하였다. 부정적이고 냉소적이고 방어적이고 '나는 저주덩어리야'라는 식의 생각이 예수 그리스도께 복종하는 것이라고 할 수 있는가?

마지막으로 야고보는 의심하는 자는 "두 마음을 품어 모든 일에 정함이 없는 자"(약 1:8)라고 단순하고 위대한 진리를 말하였다. 두 마음을 품는다는 것은 정신을 훈련하고 다스리는 것과는 정반대의 의미다. 그것은 마치 햇빛이 나게 해 달라고 기도하면서 현관문을 나설 때 손에 우산을 들고 나가는 것과 같다. 그것은 배우자를 용서한다고 해 놓고 마음속으로 배우자에 대한 불만을 곱씹는 것이다. 그것은 어떤 일의 결과가 최선이 되기를 소망하면서 속으로는 최악이 될까봐 두려워하는 것과 같다. 그것은 의도적으로 생각을 긍정적인 방향으로 돌릴 수 있는 능력이 없는 것이다. 마음을 다스리는 훈련을 해야만 하나님의 은혜를 받는 건 아니지만 기쁨 가득한 인생을 탁월하게 살려면 반드시 선한 방향으로 예견하는 훈련을 하고 생각을 다스릴 줄 알아야 한다.

하나님은 우리에게 대단한 능력을 가진 마음이라는 선물을 주셨다. 좋은 것들을 계속 생각함으로써 그것을 지혜롭게 사용하라. 그러면 현재라는 선물을 축복으로 받게 될 것이다.

## 4:8 원리 실행하기 ·········

### 생각연습하기 14

평소 당신은 어떤 생각을 하는가? 옆 페이지 박스의 왼쪽 칸에 긍정적인 것이든 부정적인 것이든 가장 자주 하는 생각 세 가지를 적으라. 오른쪽 칸에는 그러한 생각을 계속할 때 어떤 영향을 받는지 써 보라. 아래 칸에는 생각의 질을 높이기 위해 어떤 노력을 기울일지 써 보라.

### 한 발짝 깊이 들어가기

만약 부정적인 생각을 즉각 없애 버릴 수 없다면 차라리 지금 하라. 걱정하는 시간, 불평하는 시간과 장소는 매주 별도로 정하라. 이 말이 좀 우습게 들릴지 모르지만 이러한 방법은 당신의 남은 일주일을 깨끗하게 유지되도록 해 주며 부정적인 상황 속에서도 당신의 감정을 지켜

106

줄 것이다. 그리고 그런 식으로 시간을 격리하면 현재라는 선물을 더욱 자유롭게 즐길 수 있을 것이다.

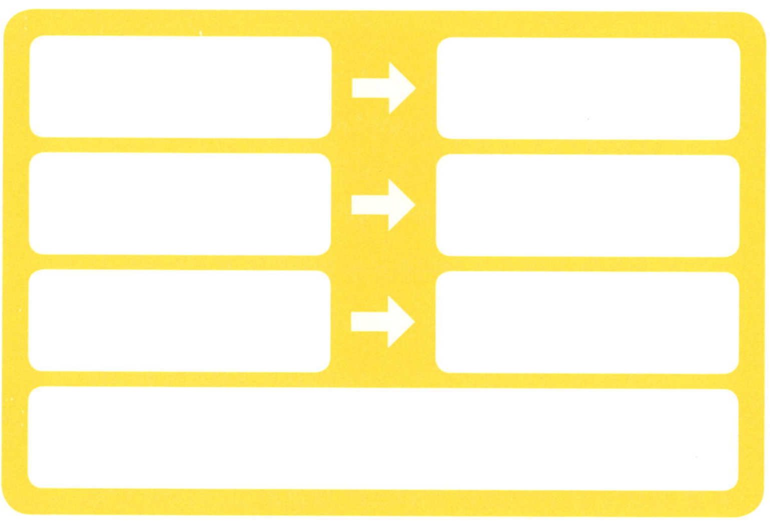

### 마음에 새기기(쪽지에 써 붙이자)

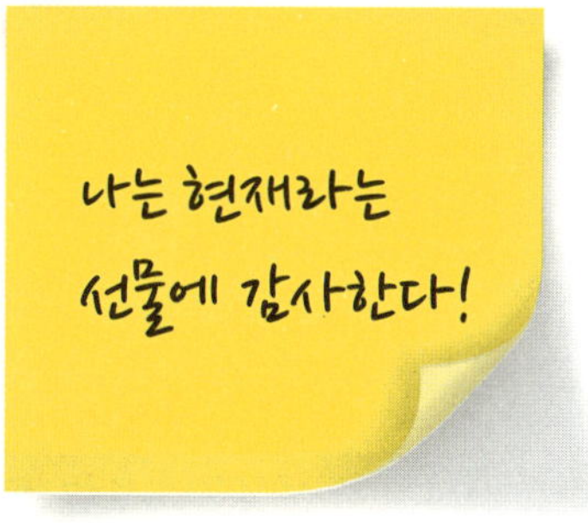


### 오늘의 기도

하나님 아버지, 현재 바로 이 순간이라는 선물을 주셔서 감사합니다. 오늘 내가 두 마음을 갖지 않게 도와주시고 어떻게 하나님을 영화롭게 하고 어떻게 다른 사람들을 축복할 수 있는지 생각하도록 도와주세요.

# 감사하지 않는 마음

## −감사하지 않는 자의 프로필

감사는 마음의 변화고, 연습이고, 훈련이다. 그것은 사람의 성장, 창의성, 기쁨에 필요한 양분으로서 일종의 영적인 아미노산이다. 감사하려면 내게 없는 것, 잘 안 되는 것들이 아니라 현재 있는 것, 잘되는 것에 에너지와 관심을 쏟아야 한다. 또한 감사는 끊임없이 더 깊은 단계로 나아갈 수 있다.

감사가 그렇게 중요하다면 왜 오늘날의 문화 전반에서 감사가 좀 더 깊숙이 드러나지 않는 걸까? 오늘은 받은 축복에 대해 깊이 감사하지 못하도록 우리의 역량을 저해하는 몇 가지 장애물을 살펴볼 것이다. 나는 이러한 특징들에 '감사하지 않는 자의 프로필'이라는 이름을 붙여서 정리해 보았다. 그렇다! 좀 심한 표현이라는 것은 나도 안다. 그러나 살다 보면 '감사하지 않는 사람'이라는 말을 써야 할 때가 정말 많지 않은가?

아래에 묘사된 각 습관들은 뭔가 부족한 것 같은 느낌을 갖게 해서 우리로 감사하지 못하게 한다. 그러나 감사하지 못하게 하는 이러한 장애물들을 깨어 분별한다면 이런 것으로부터 받는 영향을 최소화할 수 있고, 기쁨 잠재력을 감소시키지 않게 된다. 감사를 좀 더 업그레이드할 수 있는 영역들이 있는지 찾아보기 위해 '감사하지 않는 자의 프로필'에 자신을 비춰 보라.


**감사하지 않는 자는 하나님과의 연결이 끊어져 있다.** 창조주와 매일 교제할 때 영적 친밀감을 경험하게 되고 그 친밀감은 모든 불평, 두려움, 그 외에 축복에 대한 감사를 방해하는 여러 가지 저변의 생각들을 거의 다 녹여 버린다.

하나님과 올바른 관계를 맺고 있을 때 우리는 삶을 그 자체로 귀히 여기게 된다. 삶은 유효기간을 알 수 없는 잠정적인 선물이자 귀한 보물로 겸손하고 소중하게 여긴다. 하나님과의 올바른 관계는 자연스럽게 삶에 대한 경외심, 삶이 제공하는 것에 대한 감사를 낳는다. 또한 하나님의 도우심으로 우리가 세상에 제공할 수 있는 것에도 감사하게 된다. 그것은 예수님이 "나는 포도나무요 너희는 가지라 그가 내 안에, 내가 그 안에 거하면 사람이 열매를 많이 맺나니 나를 떠나서는 너희가 아무 것도 할 수 없음이라"(요 15:5)라고 말씀하신 것과 같다.

**감사하지 않는 자는 지나친 소음에 둘러싸여 산다.** 이쯤 해서 나는 융단폭격과 같은 현대인의 삶에 대해 말해 볼 것이다. 해야 할 일, 챙겨야 할 사람, 가상 오피스와 스마트폰을 통해 끊임없이 들어오는 만기일 독촉에 계속 신경 쓰다 보면 우리는 늘 급한 일에 쫓겨 살게 된다.

그런데 이것을 생각해 보라. 당신의 핸드폰으로 장기적인 목표들에 관한 전화가 과연 얼마나 자주 걸려 오는가? 배우자에게 감사하고 자녀들과 더 많은 시간을 좀 더 보내라고 상기시켜 주는 문자는 과연 얼마나 자주 받는가? 거의 없을 것이다. 그러한 편의 기기들은 가장 소중한 것들을 하도록 도와주는 것이 아니라 하루 일과 중 빨리 처리해야 할 것들을 하도록 도와주려고 고안되었다.

**감사하지 않는 자는 미디어에 지나치게 빠져 산다.** 텔레비전을 너무 많이 보고 신문을 읽는 데 많은 시간을 쓰는 것은 세상에서 일어나는 안 좋은 일들을 많이 상기시킬 뿐이다(물론 기도제목을 많이 제시해 주기도 하지만 말이다). 미디어에 지나치게 빠지는 것은 정보의 홍수 속에 있지만 막상 지혜는 부족하게 만든다. 이 말에 동의하는가? 뉴스를 보는 것은 우리를 많은 문제에 노출시키는 반면 해결책은 거의 없는 상황에 직면하게 한다. 도대체 우리에게 얼마나 많은 뉴스가 필요한 것일까? 이것은 깊이 생각해 봐야 할 문제다.

감사하기 위해 텔레비전을 없애거나 신문을 끊으라는 말이 아니다. 그런 것들을 좀 줄이는 것이 당신에게 얼마나 긍정적인 변화를 가져 올지 생각해 보자는 것이다. 나의 고객들 중에 많은 이들이 미디어에 노출되는 시간을 줄임으로써 긍정적인 변화를 경험했다. 일단 이것을 시도해 보고 그 결과로 판단해 보라. 미디어는 줄이고 긍정적인 정신적 양분을 받아들이는 시간은 늘리면 겉으로 드러나는 당신의 모습에 뚜렷한 변화가 생길 것이다.

**감사하지 않는 자는 권리를 주장하거나 당연히 여긴다.** 자기에게 어떤 권리가 있다고 생각하는 태도만큼 기쁨에 대한 잠재력을 빨리 그리고 강력하게 파괴하는 것도 없을 것이다. 이것은 어떤 사람이나 또는 어떤 그룹이 내게 빚을 졌고 그렇기 때문에 나는 뭔가를 받을 자격이 당연히 있다고 생각하는, 비교적 현대적인 개념이다. 이러한 정신 상태는 비록 뭔가를 받더라도 그것을 권리로 여기지 선물로 보지는 않는다. 아무 공헌도 하지 않고 소비하기만 하는 사람들은 받으려고만 하는 거지 근성이 점점 커져서 감사를 무기한으로 연기해 버린다.

우리 주변에 자주 한숨 쉬고 징징거리는 사람들을 보면 때로는 이 사회에 대해 누가 더 많은 불평불만과 비통함을 가졌는지 내기라도 하는 것처럼 보이기도 한다. 게다가 이렇게 받는 것을 당연하게 여기는 생각은 단지 국가나 또는 정치판만 대상으로 삼지 않는다. 우리는 이러한 사람들을 보고 그냥 웃고 넘기거나 또 그들과 거리를 둔다고 치더라도 그들의 영향력이 기업, 가정, 후손들에게도 미쳐 사회문화의 깊은 곳까지 위협하는 건 어떻게 할 것인가?

당연한 권리로 생각하는 것과 긴밀하게 관련되어 있기는 하지만 일반적으로 관계적인 면에서 좀 더 두드러지게 나타나는 것이 있다. 그것을 나는 '친근함의 법칙'이라고 말한다. 어떤 특정한 축복에 오래 노출되면 될수록 그것을 당연하게 여기는 경향이 있다. 감사하기보다 오히려 당연한 권리로 느끼기 시작하는 것이다. 기쁨에 대한 잠재력을 극대화하려면 우리는 인간관계와 기타 축복들을 당연하게 여기지 말아야 하며, 그런 태도에서 벗어나려고 해야 한다. 기억하라. 감사는 기쁨을 확장시키고, 당연하게 여기는 태도는 기쁨을 축소시킨다는 것을.

**감사하지 않는 자는 최악의 상황으로 예견한다.** 앞날을 부정적으로 보는 형태의 마음을 '걱정'이라고 한다. 어떤 것에 꾸준히 관심을 가지고 성실하게 임할 때 우리는 생산적으로 행동한다. 그러나 염려는 어떤 것들에 대해 아무 행동도 하지 않으면서 잠재적으로 일어날 부정적인 결과에만 마음이 매여 있는 것이다. 그것은 바라는 일은 일어나지 않고 두려워하는 일이 일어날 것이라고 계속 생각할 때 생겨나는 결과다!

염려는 하나님을 믿기보다 그 두려운 일 자체를 더 믿는 것이다. 바울은 빌립보서 4장 8절 바로 앞에 나오는 성경의 두 구절에서 "아무 것도 염려하지 말고 다만 모든 일에 기도와 간구로, 너희 구할 것을 감사함으로 하나님께 아뢰라 그리하면 모든 지각에 뛰어난 하나님의 평강이 그리스도 예수 안에서 너희 마음과 생각을 지키시리라"(빌 4:6-7)라고 하고 있다. 이 성경 구절을 보면 우리는 염려를 피해 가야 할 필요가 있음을 알 수 있다. 그리고 바울은 걱정에 대해 소극적으로 접근하지 말고 관심을 오직 하나님께로 돌림으로써 적극적으로 사전 조치를 취하라고 말한다. 일단 그렇게 하고 나면 하나님께 감사를 돌리게 되고 인생에서 이미 얼마나 많은 것들을 이루었는지 스스로 떠올리게 된다.

염려의 가장 큰 단점은 감사가 우러나게 하는 생각들을 해체시키고 사라져 버리게 만드는 것이다. 감사하는 동시에 염려할 수는 없다. 물론 잠깐 흔들릴 수는 있다. 잠깐 걱정에 휩싸일 수는 있다. 마음에 걱정이 틈타고 들어온 상태에서 하루를 보내 본 적 있는가? 나는 그런 적이 있다. 그러나 그럴 필요가 없지 않은가? 현재 누리고 있는 축복과 미래의 축복에 의도적으로 집중할 때 염려는 우리의 삶에서 어느 순간 사라질 것이다.

물론 여기에는 약간의 연습이 필요하다. 그러나 일단 시도하고 나면 그 후에는 점점 진전을 보게 될 것이다. 나의 경우에는 소설가 마크 트웨인이 했던 말을 떠올리는 것이 도움이 되었다. "나는 인생의 어려움들을 생각해 보았다. 그리고 그중에 몇 가지는 실제로 일어나기도 했다." 자, 기억하라! 우리가 걱정하는 것 중 대부분은 실제로 일어나지 않는다는 것을.


**감사하지 않는 자는 CDS로 인해 고통을 당한다.** CDS는 내가 만든 용어로서 '지속적인 결핍 신드롬'(CDS: Continuous Deficiency Syndrome)을 줄인 말이다. 우리는 항상 뭔가를 좀 더 갖고 싶다고 생각한다. 이것은 어떤 면에서는 저주고 어떤 면에서는 축복이다. 덕분에 인간은 수세기에 걸쳐 놀라운 기술 혁신과 사회적인 진보를 이루었으니 말이다. 하지만 우리가 살고 있는 소비사회는 인간의 불만족에 기름을 끼얹는 재주 때문에 그리고 더 많은 것들을 원하는 누그러지지 않는 인간의 욕구 때문에 많은 덕을 봤다. 우리는 매일 아래와 같은 사실을 일깨워 주는 수천 개의 광고 폭탄을 맞는다.

우리는 부자가 될 수 있다.

내 아내(남편)는 지금보다 더 나아질 수 있다.

우리는 더 날씬해질 수 있다.

우리는 더욱 신선한 공기를 마실 수 있다.

우리는 더 편하고 깨끗하게 청소할 수 있다.

우리의 자녀는 더 똑똑하고, 더 인기 있고, 운동도 더 잘하는 아이가 될 수 있다.


우리가 감사의 마음을 가지고 의식적으로 방어하지 않으면 CDS, 즉 지속적인 결핍 신드롬이 우리의 마음을 지배할 수 있다. 소비자로서 더 만족하기 원하면 원할수록 인간으로서 우리는 점점 더 결핍을 느끼게 된다. 감사하지 않는 마음이 우리에게 박탈감을 느끼게 해서 끊임없이 뭔가 다른 것을 추구하게 만드는 것이다. 반면 감사하는 마음은 우리에게 있는 것으로도 충분하다는 느낌을 갖게 해 준다.

결핍을 느끼는 삶은 감사하지 않는 마음을 갖게 하며, 그것은 우리가 살아가야 할 삶이 아니다! 감사하는 마음을 갖지 못하게 방해하는 장애물이 있는지 정직한 마음으로 자신을 살펴보라. 위에 언급된 특징들 중에 어떤 것이 당신을 가장 크게 장악하고 있는지 생각해 보고 오늘부터 그것들을 버리기로 결심하라. 열심히 감사하는 삶을 살라.

# 4:8 원리 실행하기

**생각연습하기 15**

당신이 닮고 싶은 사람을 떠올려 보라. 왼쪽 칸에는 감사를 방해하는 습관 또는 특징을 써 보라. 오른쪽 칸에는 감사를 강화시켜 주는 습관들을 써 보라. 아래 칸에는 다음 주에 당신이 시도하려는 긍정적인 변화 한 가지를 써 보라.

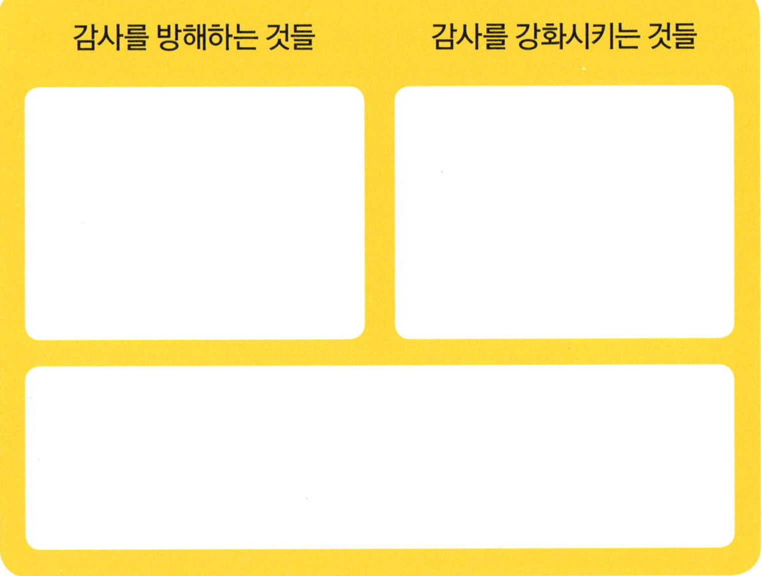

**한 발짝 깊이 들어가기**

감사하지 않는 마음과 같은 유독성 태도들을 재빨리 몰아내기 위해 '4:8 빠르게'를 해 보라. 어느 하루 날을 잡고 시간을 내서 모든 불평,

하소연하는 것, 소문을 퍼트려 공포를 조장하는 것, 비판하는 것, 변명을 늘어놓는 것, 수군거리는 것, 걱정하는 것 등 이런 모든 것을 절제함으로써 당신의 생각을 정화시켜 보라! 처음에는 24분 정도만, 나중에는 하루 동안, 그 후에는 일주일 동안, 그리고 점점 더 늘이라. 감사하지 않는 것들과 부정적인 마음을 몰아내기 위해 단계적으로 점점 더 마음을 강하게 훈련하라.

 **마음에 새기기(쪽지에 써 붙이자)**

### 오늘의 기도

주님, 주님과 교제할 수 있어서 감사합니다. 주님의 보호를 받을 수 있어서 감사합니다. 주님을 통해서 완전해질 수 있어서 감사합니다. 오늘 주변의 좋은 것들과 축복에 민감하게 깨어 늘 감사할 수 있게 도와주세요.

# 감정 vs 사실

## −진실을 발견하는 기쁨

내가 열두 살쯤 되었을 때였다. 어느 늦은 밤 집에 설치된 도난경보기가 한밤중에 울리는 일이 벌어졌다. 그때 집에는 나와 누나만 있었다. 우리는 너무 놀랐고 어쩌면 잘못 울린 것일지도 모른다고 생각했지만, 경보시스템의 조절판이 적외선 광채를 내뿜으면서 집 안 내부를 비추고는 불법침입자들이 우리 집을 돌아다니고 있다는 사실을 알려 주었다. 경찰이 오고 있다는 것을 알고는 있었지만 우리는 공포에 떨었다.

순간 우리는 외부로 통하는 뒷문 바로 옆에 엎드려 집 안에 계속 머물러 있을지 아니면 밖으로 도망칠 것인지 생각했다. 계속되는 사이렌 소리에 우리의 마음은 방망이질을 쳤는데 그 순간 갑자기 내 마음에 떠오르는 것이 있었다. 우리가 실수로 경보장치를 '부재중' 모드로 맞춰 놓았던 것이다. 그제야 나는 겨우 몸을 일으켜 사이렌을 끄고 일이 어떻게 된 건지 누나에게 설명했다. 자초지종을 설명하자면 이랬다. 누나가 계단을 걸어 내려가 부엌 쪽으로 가자 경보기가 움직임을 감지했으며, 그 후에 내가 누나를 찾으려고 부엌 쪽으로 달려가자 그 경보기가 나도 감지했던 것이다. 우리가 바로 집 안을 돌아다니는 '불법침입자들'이었던 것이다! 경보기를 잘못 설정해서 그것이 올바로 작동하지 못했던 것이다.

감정적인 부분에서도 이런 실수를 저지르기 쉽다. 우리를 특정한 방식으로 반응하도록 부주의하게 설정을 잘못해 놓을 수가 있다는 것이다. 그 반응이 실제 우리가 처한 현실과는 아무 상관없는 것일 때도 말이다. 이처럼 우리의 감정은 사실과 일치하지 않을 수 있다. 유머작가인 조시 빌링스는 "우리가 알고 있는 것들 중에 사실이 아닌 것들이 우리를 골치 아프게 한다"라고 말했다.

우울한 기분에 대처할 때 사람들이 저지르는 가장 큰 실수는 자기를 우울하게 만든 그 일이 사실이라고 생각하는 것이다. 패러다임 변화란 어떤 것이 사실처럼 느껴지기 때문이 아니라 그것이 사실이기 때문에, 그리고 옳기 때문에 많은 사람들이 가치를 그쪽으로 이동하는 것이다. 이와 같이 하나님의 진리를 받아들이면, 하나님의 말씀에 부합하는지 아닌지를 확인하지도 않고 그저 우리가 믿고 싶은 대로 믿어 버리는 자기기만의 함정에 빠지지 않을 수 있다.

기분이나 느낌은 이성을 통해 반드시 필터링해야 하는 데이터다. 기분이나 감정은 영적 진리와 객관적 사실의 조명 아래서 평가받지 않으면 우리를 속일 수 있다. 감정은 피드백을 위해 하나님이 우리 안에 설치해 주신 아주 중요한 장치다. 그러나 당신과 당신의 감정은 하나가 아니며 동일하지도 않다. 당신은 감정보다 훨씬 우위에 있다. 그리고 당신이 허용하지 않는 한 감정 때문에 당신이 어떤 종류의 사람인지 결정되는 일은 없을 것이다.


감정은 객관적인 경험을 주관적으로 표시해 주는 지표일 뿐이라는 것을 기억하라. 예를 들면 당신이 나무숲을 지나는데 저 앞쪽에 뱀처럼 보이는 무언가가 보인다면 당신은 그것을 뱀일 거라 확신하고는 감정적으로 반응할 것이다. 즉 마음에 두려움이 생겨 거기서 멈추거나 아니면 재빨리 오던 길로 돌아갈 것이다. 당신이 어떻게 반응하든지 간에 그 반응은 마음에 느낌을 통해 감지한 것을 어떻게 해석했느냐에 그 뿌리가 있다.

그런데 뒷걸음치다가 가만히 보니 뱀이라고 생각했던 것이 뱀이 아니라 밧줄에 불과하다는 것을 알게 되었다고 해 보자.

그것은 밧줄에 불과했지만 당신은 그것을 뱀이라고 해석했고 감정에 따라 몸을 움직였으며, 감정은 당신이 봤다고 생각하는 것에 반응했다. 길에 밧줄이 놓여 있을 뿐이니 전혀 위험하지 않다는 생각을 못한다. 느낌이 현실이 된 것이다.

우리는 모든 상황에서 그렇게 행동하기가 쉽다. 특히 인생에서 중요한 사람들에게 그렇게 하기가 쉽다. 예를 들면 과거 연애 시절에는 아주 매력적으로 보였던 배우자의 특징들이 결혼 후에는 오히려 짜증스럽다고 여기는 경우가 많다. 이런 경우 우리에게는 변한 것은 아무 것도 없다는 사실을 가르쳐 줄 수 있는 수완 좋은 친구가 필요하다. 그 친구는 '통찰력'이라 부를 수 있다. 당신도 이런 경험을 한 적이 있는가?

해석을 바꿀 때 감정도 바뀐다는 것을 기억하라. 그 말은 당신이 감정의 희생자라는 뜻은 아니다. 그것은 생각을 선택하면 감정을 만들어 갈 수 있다는 것이다. 당신이 해야 할 일은 감정이라는 회오리의 꼭짓점이 계속 위를 향하도록 하는 것이다. 당신의 임무는 인생의 사건들을 해석할 때 감정이 좀 더 바람직한 상태가 되도록 해석하고 또 거기에 숙달되는 것이다. 만약 십대 청소년 자녀가 자제력을 잃고 흥분한다면, 그 아이에게 뭔가 힘든 일이 있다고 생각하고 그 일이 당신과는 아무 상관이 없는 것이라고 여기며 감정을 다스려라. 그런 식으로 아이가 상황을 이겨낼 수 있도록 여지를 주는 것이다. 앞으로 이 책에서는 부정적인 감정들을 중화시키는 방법들을 좀 더 다양하게 다룰 것이다. 당신은 어떤가? 당신은 사실을 좇는가 아니면 감정을 따르는가?

## 4:8 원리 실행하기

### 생각연습하기 16

과거를 돌아보면 어떤 상황에서 당신은 가장 흔들리고 두려웠는가? 왼쪽 칸에 두려움 네 가지를 써 보라. 오른쪽 칸에는 생각을 다스릴 수 있는 하나님의 말씀을 찾아 써 보라.

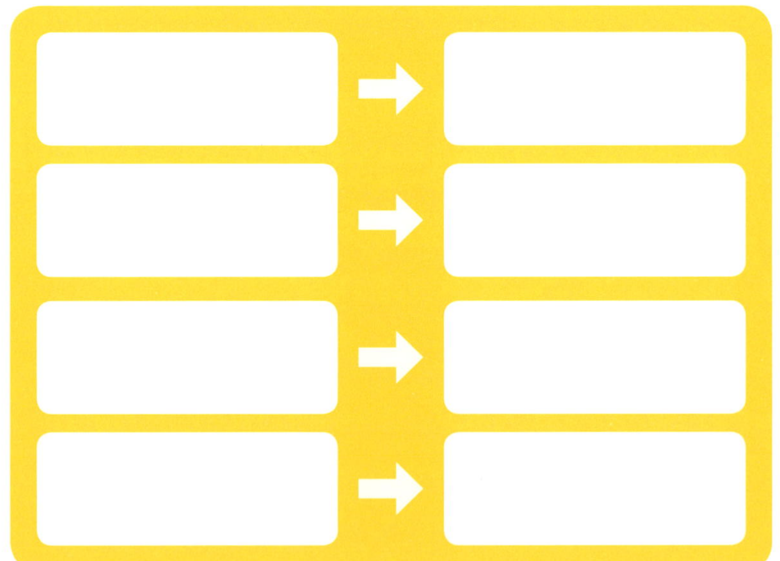

122

### 한 발짝 깊이 들어가기

마치 일기장 첫머리를 쓸 때처럼 오래전이나 아니면 최근 얼마 전에 잘못 내렸던 결정 한 가지를 떠올려 보고, 지혜로웠던 결정 한 가지도 떠올려 보라. 두 가지 모두 깊이 생각하면서 각각의 결정을 내리기 전에 당신이 느꼈던 감정을 써 보라. 그리고 그 감정들이 어떻게 당신의 결정에 영향을 주었을지 주목해 보라.

### 마음에 새기기(쪽지에 써 붙이자)

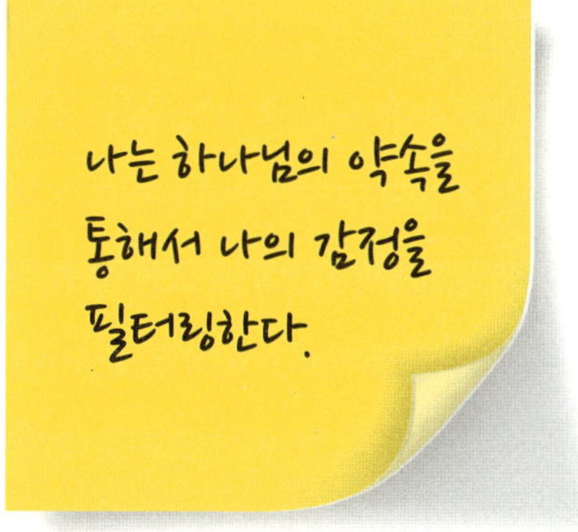

### 오늘의 기도

예수님, 나와 나의 감정이 별개인 것에 감사합니다. 오늘 내가 주님의 가르침대로 사실처럼 느낀 것이 아니라 실제 사실이고 옳은 것에 가치를 둘 수 있게 도와주세요.

# 들쥐(부정적 생각) 사냥하기
## −전투 준비 완료의 기쁨

레인지 위에 놓인 주전자에서 물이 펄펄 끓고 있다고 상상해 보라. 만약 펄펄 끓는 물에 얼음을 한 움큼 넣으면 순간 물이 잠잠해지겠지만 그건 잠시뿐이다. 물이 끓게 하는 열의 근원을 그대로 두었기 때문이다.

이제 물은 당신의 부정적인 감정이고 열기의 근원은 시간이 흐르면서 저절로 형성된 잘못된 생각들이라고 해 보자. 부정적 생각을 차단하고 기쁨을 위한 당신의 잠재력을 업그레이드하려면 '얼음'이 많이 필요하거나 또는 부정적인 생각 자체를 고쳐야 한다. 얼음은 과식, 텔레비전, 알코올, 마약, 일중독, 일탈, 여행 등 여러 형태일 수 있다. 이런 것들이 어느 정도는 물을 식힐 수 있다. 그러나 열의 근원을 제거하지는 못한다. 주전자 뚜껑을 열어서 '김이 나가게' 하더라도 물이 끓어서 여기저기 튀는 것을 잠시 동안만 막을 수 있을 뿐이다. 물을 끓지 않게 할 수 있는 지속적이고 유일한 방법은 레인지 불을 조절하는 것뿐이다.

그런데 우리는 부정적인 감정을 부채질하는 온갖 바보 같은 짓들을 한다. 그 결과 우리는 원하지 않는 행동을 더 많이 하게 된다. 일을 그르치고, 자기가 겪은 일을 과장하여 떠벌리고, 그러고 난 뒤에는 계속 바람직하지 못한 감정 상태에 머무르게 된다. 빌립보서 4장 8절은 이럴 때 우리가 어떻게 해야 하는지 명확하게 말해 준다. 상승하고 있는 것들에 집중하라. 잘되고 있는 것에 집중하라. 칭찬할 만한 것에 집중하라. 즉, 좋은 것들에 집중하라는 것이다.

감정적으로 축 가라앉아 있다면 분명히 별로 안 좋은 일을 생각하고 있을 때일 것이다. 이렇게 감정이 무거운 상태에서는 마음이 우리를 속인다. 만약 이때 당신이 4:8 원리를 실행하려고 한다면 감정을 주의 깊게 살피고 감정들이 어떻게 재빨리 상승하거나 또는 가라앉는지를 살펴보는 것부터 시작하는 것이 핵심이다. 그렇게 하면 감정 변화를 읽을 수 있는 인식력이 높아진다. 높아진 인식력은 우리를 감정생활이라는 비행기의 객석에서 조종석으로 이동하게 해 준다. 감정생활의 변화를 주목할 때만이 부정적인 감정을 부채질하는 소극적인 결정에서 벗어나 위로 날 수 있다.

어떤 부정적인 생각들은 다른 것들보다 더 고착되어 있다. 이러한 '정말 지긋지긋한 생각들'(Really Awful Thoughts), 즉 줄여서 RAT라고 이름 붙인 생각들은 우리의 기쁨 잠재력에 테러를 가한다. 오늘 나는 당신에게 그런 부정적인 생각들을 어떻게 찾아내는지 알려 주고 그것과 맞서 싸울 준비를 갖추게 할 것이다. 가장 일반적인 RAT들을 찾아낸 후에 그것을 어떻게 차단하고 어떻게 반박하며, 어떻게 그것들의 방향을 빗나가게 만들지 알려 줄 것이다. 이러한 RAT들은 왜곡된 사람이 아니라 왜곡된 생각의 패턴들이다. 이 점을 염두에 둬라. 다음에서 설명하는 행동 패턴들을 읽어 보고 당신에게 해당되는 것들이 있는지 살펴보라.

**'증폭시키기'**는 '항상, 절대로, 아무도, 만날'과 같은 극단적인 단어들을 자주 사용함으로써 기분 나쁜 상황을 극대화시키는 것이다. 사실 우리 삶에서 극단적일 정도로 나락으로 치닫는 것은 없다. 이러한 증폭시키기는 부부 사이나 자녀 양육에서 자주 드러난다. 왜곡시키는 표현 자체는 그렇다 치더라도 그런 말들을 사용하면 관련된 모든 사람을 기쁨의 영역 밖으로 추락시킨다는 점에서 문제가 심각하다.

**'감정에 따르기'**는 부정적인 감정이 생기면 그 감정의 정체를 의심해 보지도 않고 그냥 사실로 받아들인다. 때로는 부정적인 감정이 자신이나 다른 사람 안에서 뭔가 결핍된 느낌으로 나타나기도 하며 때로는 그렇지 않게 나타나기도 한다. 그러나 이때의 그런 감정은 그저 왜곡된 것에 불과한 경우가 많다.

'**추측하기**'는 상대방이 무슨 생각을 하는지 이미 다 알고 있고 게다가 상대방의 생각은 보나마나 최악일 것이라고 가정하는 것이다. 이것은 상대방을 감정적으로 격앙되게 할 때가 많고, 상대방의 격앙된 감정 때문에 막상 자신도 움츠리며 상대방을 방어적으로 대하게 만든다. 추측하기는 그런 식으로 별로 유쾌하지 않은 순환을 만들어 낸다.

'**과장하기**'는 '끔찍해, 최악이야, 완전 망했어, 충격이야, 진짜 허무해, 열 받았어' 등과 같이 감정을 격하게 만드는 말을 사용해 작은 동산에 불과한 것을 태산으로 만든다. 나는 이것을 '끔찍하게 만들기' 또는 '비련의 여주인공 신드롬'이라고 말하고 싶다.

'**개인 감정과 관련시키기**'는 아무런 악의 없이 무심코 벌어진 사건을 개인적인 감정과 연관시키는 것이다. 모든 것을 지나치게 개인적인 감정 차원에서 받아들이며 상대방이 자기를 의도적으로 공격하려는 사건으로 받아들이고 부정적으로 해석한다. 예를 들면 운전 중에 앞에서 어떤 차가 끼어드는 바람에 손에 들고 있던 커피를 무릎에 쏟았다고 치자. 그때 내가 이런 종류의 사람이라면 상대방 운전자가 나를 골탕 먹이려고 그렇게 했다고 생각할 것이다.

'**예견하기**'는 최악의 시나리오로 상상해 버리고는 그런 일이 일어나지도 않았는데 여기저기 떠들고 다닌다.

**'족집게'**는 족집게처럼 집어낸다. 다른 건 다 문제가 없는데 여기 잘못된 점이 한 가지 있다고 말이다. 좋은 것들이 많은데도 그들의 정신 레이더는 나쁜 것을 잡아내는 데 사용된다. 어떤 일에든 안 좋은 면이 어느 정도는 있기 마련이므로 족집게들은 그들의 관점을 영원히 정당화할 수 있다.

**'비난하기'**는 자기에게 일어난 문제에 대해 다른 사람을 탓하면서 다른 사람을 손가락질한다. 다른 사람이 그 문제의 원인을 제공했을 리가 전혀 없을 것 같을 경우에도 말이다. 이렇게 행동하는 이유는 자기 책임을 남에게 떠넘길 수 있기 때문이다. 그렇게 하면 잠시 동안은 책임감에서 벗어날 수도 있다. 잠시 동안은 감정적으로 기분이 좀 나아질 수도 있다. 그러나 다른 사람을 비난하는 것은 궁극적으로 정말 필요할 때 도움을 구할 수 없게 만든다. 그것은 앞으로 나아가지 못하도록 뒤에서 잡아당기며 기쁨 잠재력의 다리를 절단시켜 달리지 못하게 한다. 비난은 감정과 관련된 더러운 방사능 폭탄과 같은 것이다.

**'정당화하기'**는 왜 자기들이 이러한 부정적인 감정을 폭발할 수밖에 없는지 각종 이유를 대는 것이다. 정당화하는 사람들은 비전을 잃고 자기의 부정적인 면을 옹호한다. "그 사람이 무슨 짓을 했는지 너도 안다면" 또는 "그러니까 내가 기분이 이럴 수밖에 없어"라는 말에서 명확히 드러난다.

이런 말들에서 당연히 기쁨이 나올 수가 없지 않겠는가? 이제 당신은 RAT들, 즉 지독하게 부정적인 생각이란 무엇인지 알게 되었다. 내일은 이것들을 어떻게 몰살시킬 수 있는지 그리고 어떻게 이것들의 책략에 종지부를 찍을 수 있는지 나눌 것이다.

## 4:8 원리 실행하기

### 생각연습하기 17

어떤 RAT가 당신을 가장 많이 괴롭히는가? 다음 쪽에 당신에게 가장 일반적으로 나타나는 RAT 세 가지를 써 보라. 어떤 상황에서 그런 생각들이 가장 활발하게 활동하는지 알아보라. 아래 칸에는 이러한 생각을 물리칠 수 있는 몇 가지 아이디어들을 써 보라.

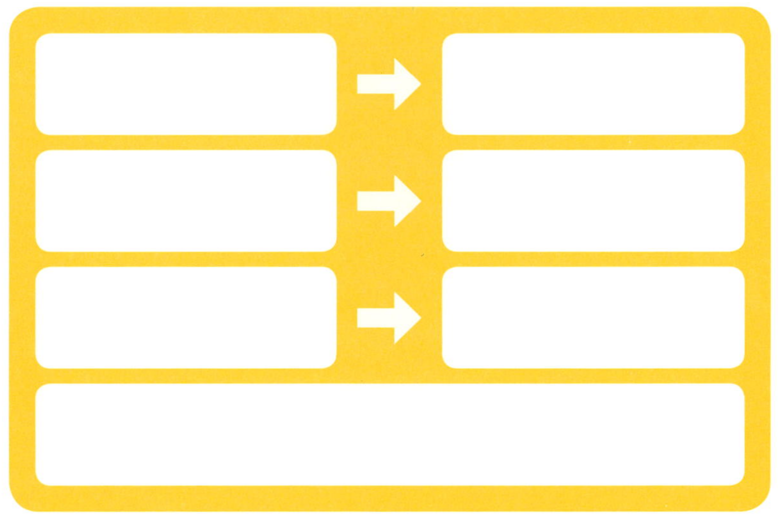

### 한 발짝 깊이 들어가기

매일 밤, 잠자리에 들기 전에 잠재의식을 하나님 앞에 드리는 것을 일상의 의례로 발전시키라. 건강하지 않은 생각의 패턴이 있다면 무엇이든지 고백하라. 특히 당신이 발견한 RAT들을 고백하라. 그리고 그런 생각들을 기쁨을 주는 생각들로 바꿔 달라고 기도하라.

잘못된 억측과 가정, 그릇된 결론들을 전부 내려놓고 마음을 하나님의 지혜와 창조성으로 가득 채우라. 우리는 매일 잠을 자지만 하나님은 결코 주무시지 않으며 우리의 잠재의식 또한 잠들지 않는다.

### 마음에 새기기(쪽지에 써 붙이자)

### 오늘의 기도

주님, 내 안에 깊이 파고들어 와 있는 부정적인 것들로부터 자유하게 해 주셔서 감사합니다. 오늘 나쁜 감정에 빠지지 않게 도와주시고 그런 감정을 돌파할 수 있게 도와주세요.

130

# 인정하고 도전하기

## —감정의 힘이 주는 기쁨

**인**과관계를 통해 문제를 바라보는 우리의 시야가 바뀌면 감정도 바뀐다. 감정은 생각의 질을 평가하는 일종의 자발적인 피드백 구조다. 그리고 필요할 때는 생각을 교정해 주기도 한다. 본질적으로 감정이란 우리가 생각하는 것들을 마음으로 느끼는 것이다. 만약 우리가 인생을 정말 대단하다고 느끼면 그것은 최근 우리가 하는 생각이 건강하고 건설적이라고 볼 수 있는 신뢰할 만한 지표다.

그러나 삶을 대단하게 느낀다고 해서 실제로 우리 삶이 대단하다는 뜻은 아니다. 오히려 그것은 삶에 기본적으로 있을 수 있는 불만족스러운 것들을 간과해 버리고 그 순간에 잘 풀리는 일들에 시선을 집중하고 있다는 뜻이다. 감정의 힘은 이렇게 대단하다. 그렇기 때문에 우리는 인생을 지금 당장 이 순간부터 '대단한' 것으로 여겨야 한다. 그런데 몇 가지 부정적인 것들과 좌절감을 주는 것들에 시선을 고정시키면, 특히 우리가 17일 차에서 살펴본 몇 가지 부정적인 방식의 RAT에 머물러 있다면, 4:8 원리를 잊고 금방 우울한 기분을 느끼게 된다.

실제로 별로 대단하지 않은 조건 속에서 살고 있는 많은 사람들이 인생에 큰 기쁨을 표현한다는 사실을 생각해 보라. 반면에 아주 큰 축복을 받은 많은 사람들이 자기들의 상황에 매우 불만족하는 모습을 보이기도 한다. 분명한 건 감정은 삶의 외적인 질과 항상 일치하지는 않는다는 것이다. 그러므로 감정은 인생이 어떻게 풀리고 있는지에 대한 객관적인 지표가 아니다.

지혜로운 결정을 내리기 위해 감정이 아니라 목표와 이성의 가이드를 받으라. 극대화된 기쁨을 누리며 살려면 부정적인 감정을 최소화하는 방법을 배워라. 그렇게 해서 그런 감정들이 삶을 지배하지 못하도록 하라.

부정적인 감정에 대처하기 위한 몇 가지 간단한 선택의 여지가 있다. 부정적인 감정을 억눌러 묻어 버리는 방식은 궁극적으로 우리를 아프게 한다. 또한 부정적인 감정을 가까운 사람들에게 표출하는 방식은 그들을 단기적으로 '아프게' 할 수 있다. 대부분 사람들의 감정 상자에 있는 다양한 도구들은 놔둔 채 억누

르거나 표현하는 것 이 두 가지만 사용한다. "당신에게 사용할 만한 도구가 망치밖에 없다면 주변의 모든 것이 못으로 보이기 시작한다"라는 오래된 속담처럼 말이다. 이제 새로운 감정 상자의 도구들을 꺼내 보자. 여기, 부정적인 감정을 효과적으로 관리할 수 있는 색다른 방법이 있다.

흙을 쏟아 작은 캠프파이어의 불을 덮어 버린다고 상상해 보라. 무슨 일이 일어나겠는가? 불은 즉각 꺼질 것이다. 자, 여기서 불을 완전히 꺼 버리기 전에 불을 당신의 정신과 관련시켜 어떻게 할 것인지를 생각해 보자. 첫째, 당신은 이제 그만 캠프 장소를 떠나 자러 가려고 불을 끄려고 했던 것이었다. 그래서 마침내 그것을 행동으로 옮겼고 목표를 이루었다.

불을 끄는 게 목표라면 그 불에 장작개비를 하나 더 던져 넣거나 기름을 붓는 짓은 하지 않을 것이다. 그 불이 밤새 다 타서 저절로 꺼질 거라며 무시하지도 않을 것이다. 왜냐하면 아무 조치도 취하지 않는 무모한 도박을 했을 경우 어쩌면 불이 점점 더 타올라 감당할 수 없는 상황에 처할지도 모르기 때문이다.

부정적인 감정은 기능적인 면에서 캠프파이어의 불과 같다. 어떻게 그것을 끌 수 있을까? 긍정적이고 건설적인 생각으로 가능하다. 부정적인 감정을 무시하지 않고, 쓸데없는 관심을 줘서 그 불을 걷잡을 수 없이 타오르게 하는, 다시 말하면 일종의 기름을 붓는 것 같은 행동을 하면 안 된다. 부정적인 감정들을 이겨내고 승리하고 싶은 갈망이 있다면 그리고 그렇게 하기로 결심했다면 여기에 현장 실험과 검증을 거친 방법들이 있다.

첫째, 당신의 부정적인 감정들을 인정하라. 하나님은 당신의 몸이 아프기를 원하지 않는 것처럼 감정적으로도 아프기를 원하지 않으신다. 신체적으로도 감정적으로도 이상적인 상태는 건강하고 조화롭고 균형을 이루는 것이다.

몸이 아픈 것은 어디가 다쳤거나 아니면 한 부분이 균형을 잃었기 때문에 관리가 필요하다는 신호를 보내는 것이다. 우리는 이러한 신호들을 인식하고 그것을 고치려는 행동을 취한다. 만약 무릎이 부어오른다면 100미터 달리기를 하겠다는 생각은 절대로 하지 않을 것이다. 그런데 감정과 관련해서는 우리는 이와 비슷한 신호들을 무시할 때가 많고 전과 똑같이 생각하고 행동하기를 반복한다.

부정적인 감정은 자동차 게시판의 경고등과 같다. 경고등을 무시하면 더 큰 문제가 생길 것이다. 물론 그 경고등은 어디를 가든지 계속 켜진 상태로 주의를 줄 것이다. 그러나 일단 당신이 그 문제를 인정하고 차의 상태를 확인해 본다면 실제로 문제가 있는 건지 아니면 경고등이 잘못 켜진 건지 알 수 있을 것이다. 그리고 수리를 하거나 필요한 조치를 하고 나면 경고등은 더 이상 켜지지 않을 것이다. 이와 마찬가지로 부정적인 감정이 존재한다는 것을 인정함으로써 부정적인 감정을 완화시킬 수 있다.

중요한 조치들이 미뤄지고 있는 건 아닌지 생각해 보라. 어떤 면에서 당신은 두려워하거나 또는 위협을 느끼는 것은 아닌가? 피곤한가? 배가 고픈가? 혹시 사랑받지 못하고 있다거나 존경받지 못하고 있다고 느끼는 것은 아닌가? 수면 부족이나 영양 결핍을 방치하면 면역체계가 약해져서 병에 걸릴 위험이 커지는 것처럼 감정 건강은 조치가 필요할 때 방치하면 부정적이 될 위험이 커진다. 부정적인 감정들은 채워져야 할 부분이 있는데 채워지지 못할 때 표면으로 아주 강하게 드러나는 경향이 있다. 만약 관심을 가지고 조치를 취해야 할 부분이 있다면 그렇게 하라. 만약 경고등이 잘못 작동한 것이라면 그 느낌들이 잘못된 것임을 인정하고 다음 단계로 나가면 된다.

둘째, 그런 부정적인 감정을 느끼는 것이 과연 타당한 것인지를 따져 보라. 부정적인 감정을 인식할 때 아래와 같은 사실을 마음에 되새기라. '이건 단지 내가 이런 식으로 느끼는 것일 뿐이야. 이게 사실은 아니잖아. 여기에 내 행동이 좌우될 필요는 없어.' 감정은 복음이 아니며 성경은 감정을 기초로 행동하라고 말하지 않는다. 물론 감정을 무시하라는 것은 아니지만 그렇다고 지나치게 숭배할 필요는 없다.

명확하게 진단해 보지 않은 감정들은 우리를 인간의 본성 중 가장 안 좋은 면으로 이끌어 갈 수 있으며 우리의 관점을 장기적인 것에서 단기적인 것으로 바꾸어 놓을 수 있다. 감정이 결정을 좌우하지 않도록 하는 대신 하나님의 말씀을 나침반으로 삼으라. 하나님의 원리를 따르는 것이 긍정적인 감정을 유지하게 해 주는 비결이라는 데는 동서고금을 막론하고 논란의 여지가 없다.

## 4:8 원리 실행하기

### 생각연습하기 18

당신에게 있는 부정적인 생각 패턴을 인식하면 부정적인 생각들을 최소화할 수 있다. 당신에게 가장 일반적으로 나타나는 부정적인 감정 세 가지를 왼쪽 칸에 써 보고 오른쪽 칸에는 그 각각의 감정이 생겨나게 만드는 것들과 그런 감정들을 더욱 심하게 만드는 것들을 써 보라. 아래 칸에는 긍정적이고 차분한 상태를 유지하기 위해 앞으로는 좀 다르게 행동하려고 하는 한 가지를 써 보라.

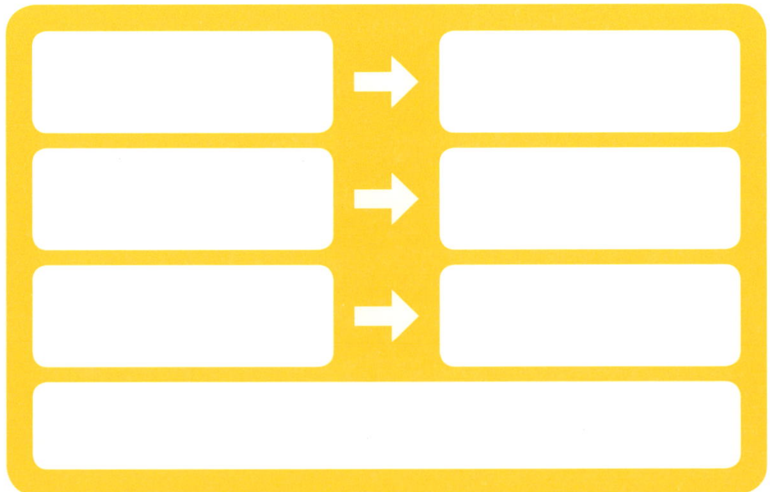

 ## 한 발짝 깊이 들어가기

반복적으로 생기는 부정적인 감정을 인정하고 그것을 자기 자신에게 편지로 써 보라. 일단 그런 바람직하지 못한 감정이 생겨나는 이유를 찾아내고, 그 감정들을 면밀하게 관찰해 보고 그것이 과연 사실에 근거한 것인지 확인해 보라. 무슨 일이 있어도 편지의 결론은 기쁨으로 살아가겠다는 명확한 결심으로 마무리하라.

 ## 마음에 새기기(쪽지에 써 붙이자)

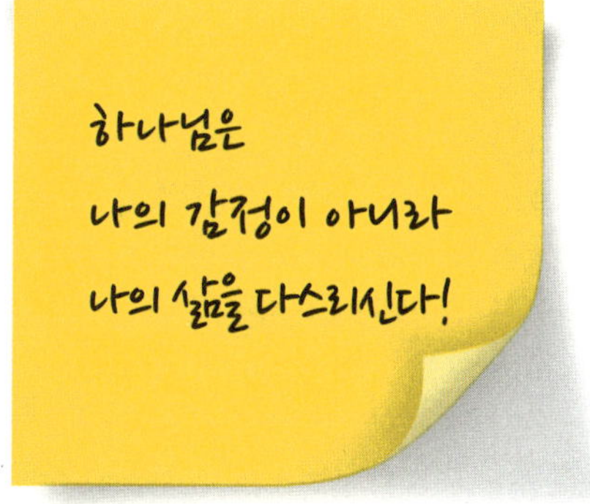

 ## 오늘의 기도

하나님 아버지, 긍정적인 감정과 부정적인 감정 둘 다 느끼게 해 주시고 구별하게 해 주셔서 감사합니다. 오늘 내가 어떤 감정을 느끼든지 하나님 아버지의 원칙에 맞는 결정을 내릴 수 있게 도와주세요.

# 없애려 애쓰느니 그냥 교환하라

## ─쉽게 반품할 수 있는 기쁨

우리 마음의 법칙은 명백하다.

우리는 마음속에 있는 생각들을 직접 제거할 수 없다. 단지 그 생각을 다른 것으로 바꿀 수 있을 뿐이다. 원하지 않는 생각을 떨쳐 내려고 저항해 봐야 그 생각은 오히려 우리를 더 얽매고 집착하게 해서 머리만 더 아프다. 그러한 비생산적인 생각과 맞서 싸우거나 또는 그런 생각을 머릿속에서 지워 버리려고 애써 봐야 아무 효과가 없다. 부정적인 생각을 긍정적인 생각으로 바꾸는 것만이 부정적인 생각을 없애 버릴 수 있는 유일한 방법이다. 나는 그것을 교환의 법칙(law of exchange)이라고 부른다.

물론 긍정적인 생각들을 몰아내고 대신 부정적인 생각들로 채우는 것이 굳이 좋다면 그럴 수도 있다. 그러나 나는 그걸 원하는 사람은 아무도 없을 거라고 생각한다. 그런데 이상하게도 주변에서 쉽게 볼 수 있듯이 그런 선택이 광범위하게 이루어지고 있다.

우리의 의식 세계는 절대로 소극적으로 활동하지 않는다. 우리가 깨어 있는 동안 우리의 의식 세계는 우리에게 도움이 되든지 상처가 되든지 어느 쪽이든 어느 정도는 생각에 개입되어 있다. 그러므로 우리가 의도적으로 올바른 생각들을 심고 키우지 않는다면 잘못된 생각들이 버려진 정원의 잡초처럼 무성해질 것이다. 우리의 의식 세계는 또한 한 번에 한 가지 생각만 할 수 있다. 그 한 가지 생각은 기쁨 잠재력과 그 대열을 같이 하든지 그렇지 않든지 둘 중에 하나다. 이것은 좋은 소식이다. 왜냐하면 그것은 우리가 마음먹기만 하면 보통의 생각을 탁월한 생각과 바꿀 수 있고 두려운 생각을 용감한 생각으로 바꿀 수 있기 때문이다.

만약 당신이 배우자에게 실망했는데 너무 실망하지 말라며 스스로를 타이른다면 어떨까? 오히려 당신을 화나게 한 그 문제에 계속 집중하게 되어서 기분이 더욱 안 좋아질 것이다. 만약 당신이 골프를 치고 있는데 내가 당신에게 "그 모래 벙커로 공을 치려는 생각은 아예 하지 마"라고 말한다면 당연히 당신의 머릿속에는 즉각 공을 그쪽으로 치는 것부터 떠오를 것이다. 당신은 속으로 '나는 그 모래 벙커로 공을 치지 않을 거야'라고 말하겠지만 그렇게 다짐하는 순간 당신은 그쪽으로 공을 치는 것을 먼저 생각할 수밖에 없다. 우리의 뇌는 어떤 것을 반대로 생각하고 그것에 계속 집중하기가 매우 힘들다.

여기서 해결책은 관심을 완전히 다른 데로 돌리는 것이다. 정신적으로 매우 높은 차원에 생각을 맞추면 이전에 맞추었던 낮은 차원에서 벗어날 수 있다. 부정적이고 비생산적인 생각을 긍정적이고 자율적인 생각으로 대체함으로써 생각을 훨씬 잘 다스릴 수 있으며, 거기에서 한 걸음 더 나아가 삶을 더 잘 이끌어 갈 수 있다.

골프 코스 안에 설치한 모래밭, 연못, 웅덩이, 개울 등 장애물과 같은 생각들이 그린필드처럼 당신이 공을 날리고 싶어 하는 장소와 같은 생각들로 구체적으로 바뀐다. 배우자에 대한 불만스러운 생각들이 전반적인 관계에 대한 감사로 바뀌며 하나님께서 두 사람을 위해 계획하신 위대한 미래를 미리 앞당겨 감사하게 된다. 담대한 생각이 의심하는 생각을 대신하게 된다. 승리의 생각이 실패에 대한 생각을 사라지게 한다. 당신은 선으로 악을 이기게 되는 것이다.

마음이 하나님의 말씀으로 가득 차 있으면 유혹을 차단할 수 있다. 성경 말씀을 외움으로써 부정적인 생각, 한계적인 생각을 몰아내고 하나님의 약속의 말씀이 가진 놀라운 힘과 잠재력으로 대신 채울 수 있다. 기억하라. 하나님의 말씀은 일단 한 번 내면에 자리 잡으면 활동을 중단하고 휴면기로 들어가는 일이 절대로 없다는 것을.

> 하나님의 말씀은 살아 있고 활력이 있어 좌우에 날선 어떤 검보다도 예리하여 혼과 영과 및 관절과 골수를 찔러 쪼개기까지 하며 또 마음의 생각과 뜻을 판단하나니 (히 4:12)

빌립보서 4장 8절 외에, 당신이 특별히 외울 만한 가치가 있는 성경 말씀들로는 아래와 같은 것들이 있다. 이 외에도 성경을 읽다 보면 이러한 영적인 보석들을 한도 끝도 없이 찾을 수 있을 것이다. 그런 말씀들은 전부 마음 상태를 호전시키는 데 특별히 좋다. 이 감동적인 진리의 말씀들을 기억력 은행에 저장해 놓으면 힘과 기쁨을 공급받을 기대에 가슴이 뛰게 될 것이다.

- 하나님은 우리의 피난처시요 힘이시니 환난 중에 만날 큰 도움이시라 (시 46:1)
- 주의 교훈으로 나를 인도하시고 후에는 영광으로 나를 영접하시리니 (시 73:24)
- 너는 마음을 다하여 여호와를 신뢰하고 네 명철을 의지하지 말라

너는 범사에 그를 인정하라 그리하면 네 길을 지도하시리라 (잠 3:5-6)

- 주께서 심지가 견고한 자를 평강하고 평강하도록 지키시리니 이는 그가 주를 신뢰함이니이다 (사 26:3)

- 수고하고 무거운 짐 진 자들아 다 내게로 오라 내가 너희를 쉬게 하리라 (마 11:28)

- 하나님의 나라는 너희 안에 있느니라 (눅 17:21)

- 진리를 알지니 진리가 너희를 자유롭게 하리라 (요 8:32)

- 도둑이 오는 것은 도둑질하고 죽이고 멸망시키려는 것뿐이요 내가 온 것은 양으로 생명을 얻게 하고 더 풍성히 얻게 하려는 것이라 (요 10:10)

- 평안을 너희에게 끼치노니 곧 나의 평안을 너희에게 주노라 내가 너희에게 주는 것은 세상이 주는 것과 같지 아니하니라 너희는 마음에 근심하지도 말고 두려워하지도 말라 (요 14:27)

- 오직 한 일 즉 뒤에 있는 것은 잊어버리고 앞에 있는 것을 잡으려고 푯대를 향하여 그리스도 예수 안에서 하나님이 위에서 부르신 부름의 상을 위하여 달려가노라 (빌 3:13-14)

- 내게 능력 주시는 자 안에서 내가 모든 것을 할 수 있느니라 (빌 4:13)

- 하나님이 우리에게 주신 것은 두려워하는 마음이 아니요 오직 능력과 사랑과 절제하는 마음이니 (딤후 1:7)

# 4:8 원리 실행하기 

### 생각연습하기 19

독성이 있는 생각들을 몰아내는 데는 하나님에 대한 생각을 하는 것만
큼 좋은 것은 없다! 외우고 싶은 성경 말씀 세 가지를 써 보라. 그러고
난 다음에는 당연히 그 말씀을 외워 보라!

### 한 발짝 깊이 들어가기

당신의 생각 생활에 아주, 매우, 강력히 민감해져 보라. 비생산적인 생
각이 마음을 훑고 지나가는 것을 깨닫는 순간 '책임은 나에게 있다' '나
는 하나님을 믿는다' '하나님이 나와 함께한다' '이것도 다 지나갈 것
이다' 또는 '나는 하나님의 도우심으로 그것을 할 수 있다'와 같은 생

각들로 바꾸라. 반복하고, 반복하고, 반복하라! 비생산적인 생각이 들어오기 전에 얼른 그 말씀을 붙들어라. 부정적이고 한계적인 생각을 마음에 허용하지 마라.

 **마음에 새기기(쪽지에 써 붙이자)**

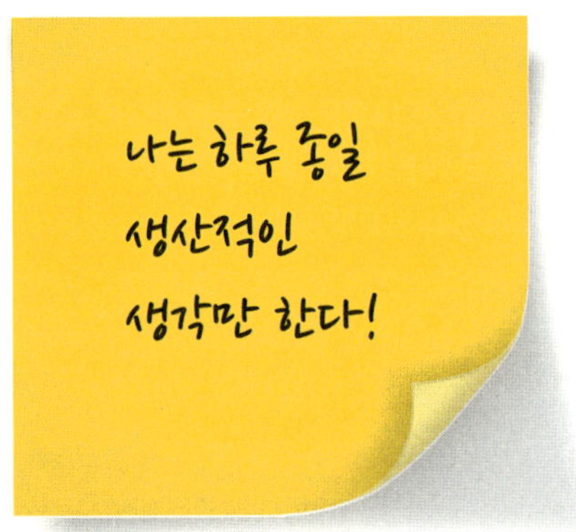

 **오늘의 기도**

하나님 아버지, 내 마음을 한 번에 한 가지만 생각하도록 디자인하신 것에 감사합니다. 오늘 내가 의도적으로 모든 생각 중에 가장 위대한 생각인 하나님 말씀으로 내 마음을 채우도록 도와주세요.

# 하나님의 축복들을 시각화하기

## —상상의 기쁨

우리는 매일 무언가를 시각화할 수 있다. 이 말을 듣고 놀랐는가? 사실 시각화는 그저 '미래를 상상한다'는 의미의 용어에 불과하다. 우리는 각자 하루에 수도 없이 이 정신적인 과정을 거친다.

야심이 많은 젊은 야구 선수들은 빅리그에서 뛰는 것을 눈에 그려 본다. 여러 가지 해야 할 것에 눌려 있는 십대 청소년들은 학교를 졸업하고 나서 하게 될 대학 생활을 그려 본다. 젊은 여자들은 언젠가 있을 결혼식 날을 자세하게 그려 본다. 신혼부부들은 앞으로 낳을 아이들이 정원에서 뛰어노는 모습을 그려 본다. 사업가들은 고객들 앞에서 중요한 사업설명회를 하게 될 것을 눈에 그려 본다. 성공한 기업가들은 새로운 고객들과 시장에서 좀 더 좋은 서비스를 제공함으로써 받게 될 보상을 그려 본다.

오늘은 '상상하기'를 해 보려 한다. 또 다른 방법은 과거의 경험이나 현재의 기분에서 비롯되는 상상을 허용함으로써 그것들이 마음을 차지하도록 하는 것이다.


하나님은 당신과 나에게 좀 더 나은 미래를 내다보는 정신적인 능력을 주셨다. 현재 눈에 보이는 대로가 아니라 그보다 더 나은 미래를 상상하는 능력을 갖게 하신 것이다. 기도할 때 이것은 가장 뚜렷해진다. 우리는 항상 좀 더 나은 어떤 것을 위해 기도하지 더 나빠지도록 기도하지 않는다. 사실 하나님은 우리에게 마음에 그려 봄으로써 어떤 것을 미리 경험할 수 있는 능력을 주셨다. 그러나 대부분의 사람들은 이미 존재하는 것만 본다. 하나님의 피조물 중에서 인간만이 유일하게 이런 능력을 가진 것에 우리는 크게 감사해야 한다.

이 개념은 아주 간단한 반면 매우 심오하다. 그래서 거듭거듭 언급할 만한 가치가 있다. 우리는 뭔가를 마음에 그려 봄으로써 경험할 수 있는 능력을 부여받았다. 그러나 우리는 이미 경험한 것만 보는 경향이 있다. 문제는 현재 가지고 있는 것에만 시선을 고정시키는 한 내일 다른 것을 얻게 될 가능성이 별로 없어진다는 것이다. 만약 과거와 현재의 그림만 마음속에 계속 붙든다면 그런 그림에서 벗어나 더 넓은 곳으로 나아갈 가능성은 낮아진다.

미래를 향한 명확한 비전은 지금 이 순간 당신의 모든 잠재력을 최대로 끌어올리기 위해 꼭 필요한 전제조건이다. 의심할 필요도 없는 얘기다. 이러한 비전이 없는 개인, 부부, 가족, 조직이 사회는 긍정적인 영향력을 가질 기회를 놓치고 있는 것이다. 긍정적인 영향력은 자신의 미래를 각자의 마음 속에 뚜렷하게 그려 볼 수 있을 때 만들어진다. 우리 모두가 가지고 있는 이러한 능력은, 스스로 알지 못한 채 놓쳐 버리기도, 제대로 잘 활용할 수도 있는 것이다. 그것은 우리의 선택에 달려 있다. 그러나 이러한 기회를 그냥 지나쳐 버리는 것은 하나님이 우리 모두를 위해 예비하신 기쁨을 강화시키는 삶을 그냥 놓쳐 버리는 것을 의미한다.

시각화, 즉 마음에 그려 보는 것은 모든 분야에서 성공한 사람들이 사용했던 방법이다. 특히 운동선수들, 엔터테인먼트 분야가 그러하며 최근에는 의학 분야에서도 환자들을 치료하는 데 사용하고 있다. 하나님의 완벽한 디자인의 일부인 '마음에 그려 보기'는 효과가 있다. 왜냐하면 그것은 가장 지배적인 생각들로 채우려는 인간의 두뇌가 가진 성향에 그 근거를 두고 있기 때문이다. 마치 목표가 이루어진 것처럼 마음에 상상하면 잠재의식이 성취를 방해하는 정신적인 장애들을 제거하고 그것을 사실로 해석하고 반응하는 과정에서 실제로 일어난 사건과 생생하게 마음에 그리는 것과의 차이를 구분하지 못하기 때문 이다.

이것을 이해할 때 잠재력을 확대시키는 가장 효과적인 방법 은 당신이 갈망하는 최종적인 결과를 오감을 동원하여 마음속 으로 끊임없이 상상하는 것임을 알 수 있다. 이러한 상상은 우 리가 내면에서 만든 것을 외적으로 재생산하도록 두뇌에게 명 령하는 역할을 한다.

나는 이 시각화 과정을 무작위로 또는 무턱대고 하지 말라고 권하고 싶다. 마음을 훈련하면서 한다면 당신은 하나님이 부르 셔서 맡기신 일을 수행하기에 좀 더 잘 준비할 수 있을 것이다. 당신에게 주어진 책임은 의도적으로 마음을 생생한 상상의 그 림으로 채우는 것이다. 그 그림은 하나님이 원하시는 당신의 모 습이다. 그리고 이것은 4:8 원리를 연습하는 것에서부터 시작된 다. 분명히 당신을 향한 하나님의 비전은 사랑받을 만하며, 탁 월하며, 칭찬받을 만한 것들이다. 하물며 당신이 상상할 수 없 을 정도로 좋은 것일 것이다.

이것을 시작하기 위해 매일 4~5분을 따로 떼서 자신이 기쁨 에 가득 차서 생활하는 모습을 마음에 그리되 가능한 한 자세히 그려 보라. 자신을 생동감이 넘치고, 주어진 일을 사랑하며, 강하고 긍정적인 영향력의 사람으로 그리라. 집에서 가족들과 함께 있으면서 에너지를 충분히 공급받는 모습을 그려 보라. 이러한 이상적인 시나리오들을 자주 최대한 생생하게 연습해 보라.

이러한 시각화 연습을 하기에 가장 좋은 시간은 잠자기 직전과 아침에 일어났을 때다. 이것을 '15분의 기적'과 결합시켜 보라. 깊이 심호흡을 몇 번 하면서 편안하고 고요한 상태로 들어가라. 그러고는 당신의 정신적인 영화를 감상하라. 기도 응답을 받았을 때 또는 목표를 이루었을 때 당신이 할 것 같은 행동과 모습을 상상하라. 하나님이 당신에게 원하시는 삶이 있다고 생각한다면 그 삶을 꾸준히 상상하라. 그러면 그 상상 속의 모습이 현실이 될 가능성이 크다.

## 4:8 원리 실행하기

### 생각연습하기 20

당신에게 정말 중요하게 여겨지는 뭔가를 성취하기 위해 주어진 재능들을 사용하는 모습을 상상하라. 그것이 어떤 모습일지 마음에 그려 보라. 목표가 이미 현실에서 이루어졌을 때 어떤 일이 일어날지 써 보라. 마지막으로 이 특별한 목표를 이루었을 때 느끼게 될 모든 감정들을 묘사해 보라.

 ## 한 발짝 깊이 들어가기

앞으로 기도할 때는 현재 맞닥뜨린 특별한 문제나 어려움에 대한 기도를 시작하기에 앞서 편안한 상태로 있는 시간을 몇 분 정도 가지라. 당신의 마음이 과거의 선택들, 굳어진 생각들, 기존의 지식 또는 그 외에 어떤 종류든 마음에 깊이 파고든 부정적인 생각들을 완전히 떨쳐 내었다고 상상하면서 천천히 깊은 심호흡을 여섯 번 내지 일곱 번 하라. 그러고 난 뒤 당신의 빈 마음을 하나님의 완전한 지혜로 채워달라고 기도하라.

 ## 마음에 새기기(쪽지에 써 붙이자)

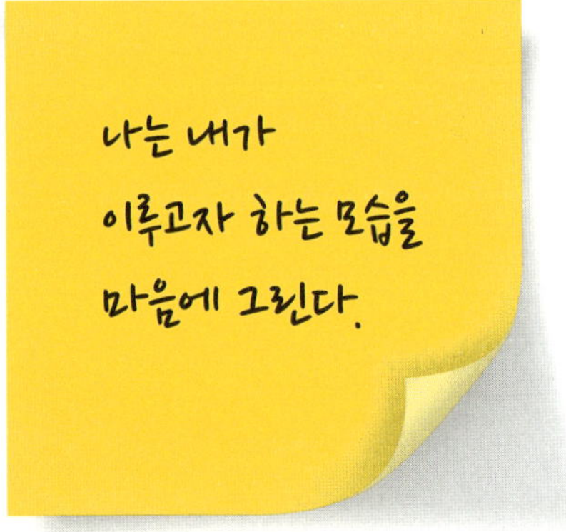

 ## 오늘의 기도

주님, 내게 현재의 모습보다 앞으로의 가능성을 상상해 볼 수 있는 상상력을 주신 것에 감사합니다. 오늘 내가 이 능력을 사용해서 하나님이 나를 창조하실 때 원래 의도하신 모습에 좀 더 가까워지게 도와주세요.

150

# 도와달라는 울부짖음

## −긍휼한 마음의 기쁨

이제 40일간 여정 중 반 정도에 와 있기 때문에 지금까지의 여정을 평가해 볼 때다. 지금까지 당신의 여정은 어땠는가? 점점 풍성한 기쁨을 누리는 길로 나아가고 있는가? 이 세상에 있는 부정적인 면들을 완화시키거나 또는 적어도 그런 감정들을 관리할 수 있는 자신의 능력에 좀 더 자신감을 갖게 되었는가? 이미 향상된 점들로 인해 용기를 얻고 또 앞으로 계속 나아가야 할 목표에 시선을 고정시켜라.

지금까지는 생각과 태도 등 내적인 것을 바꾸는 방법들을 다루었다. 그러나 우리가 외부와 단절된 채 살고 있는 것이 아니기 때문에 앞으로는 지금까지와는 좀 다른 것을 다룰 것이다.

우리는 매일 다른 사람들과 교류하며 살고 있다. 그들은 우리에게 좋은 상급이 되어 줄 수도 있고 어려움이 될 수도 있으며, 영감을 줄 수도 있고 크게 화가 나게 할 수도 있다. 이때 우리는 어떻게 반응하는가?

다른 사람들과의 관계에서 기쁨의 상태를 계속 유지할 수 있는 주된 전략은 우아하게 긍휼의 마음을 갖는 것이다. 다시 말하면 긍휼이 다른 사람들에 대한 반응이 되어야 한다는 뜻이다. 이것은 어떤 것일까? 우리는 힘든 형편에 처한 사람을 보면 자동적으로 불쌍히 여기는 마음을 갖는다. 긍휼에 찬 말과 긍휼을 베푸는 행동을 한다. 자연스럽게 그것이 옳은 행동이라고 여겨서 그렇게 한다.

긍휼히 여길 때 우리는 하나님을 닮게 된다. 시편 103편 13절은 "아버지가 자식을 긍휼히 여김 같이 여호와께서는 자기를 경외하는 자를 긍휼히 여기시나니"라고 말하고 있다. 사도바울도 우리에게 믿는 자로서 여러 가지 미덕을 실천하도록 권하고 있는데 그 미덕 중에 하나가 긍휼이다. 그래서 누군가를 긍휼한 마음으로 대할 때 우리는 하나님의 뜻에 따르는 삶을 살 수 있다.

이러한 접근 방법을 받아들일 때 잃는 것은 하나도 없을 것이고 오히려 얻는 것은 아주 많을 것이다. 물론 이 '평화와 존중'의 방침은 대부분의 사람들이 자연스럽게 가질 수 있는 것은 아니다. 그렇기 때문에 이 훈련이 기쁨으로 가득한 삶을 살려는 우리의 여정에 들어가지 않을 수 없다.

'진심 어린 긍휼'의 기초는 다음과 같다. 부정적인 감정에 마음이 눌리거나 상대방에게 부정적인 감정을 표현하는 대신, 그러한 생각을 하게 만든 원인 제공자에게 좀 더 긍휼한 마음을 가지는 것이다. 그 사람이 비록 자기 자신이라 할지라도 말이다. 원인 제공자가 그런 문제를 일으키는 이유는 그 사람이 개인적으로 뭔가 힘든 문제가 있거나 아니면 원인을 알 수 없는 고통에 빠져 있어서라고 가정해 보라. 사실이든 아니든 이러한 생각은 그 사람에게 좀 더 긍정적으로 반응하도록 도와줄 것이며 당신의 정신과 감정의 건강을 지켜 줄 것이다. 만약 스트레스를 심하게 받고 있는 문제가 없다면 사람들이 그렇게 부정적으로만 행동하겠는가? 이렇게 은혜롭게 그들 편에서 해석해 주라.

물론 이것이 평범한 관점은 아니다. 그러나 이렇게 평범하지 않은 관점으로 보는 방법이 긍휼을 실천하는 데는 실제로 큰 도움을 준다. 그렇다면 과연 그들에게 정말 나쁜 일이 일어난 것일까? 어쩌면 아닐 수도 있다. 그러나 그렇게 대해 준다. 해될 것도 없지 않은가. '내가 그녀를 불쌍히 여겨 줄 필요가 있을까? 그녀에게 그럴 자격이 있을까?'라고 묻는 대신 그녀가 그럴 자격이 있다고 단정하고 그렇게 반응하라.


이 책의 앞부분에서 나는 사거리 교차로에서 실수로 다른 운전자의 출발 순서를 가로챘던 일에 대해 말했다. 그 운전자가 나의 실수에 어떻게 반응했는지 기억나는가? 그의 과격한 행동은 지나쳤고 성숙하지 못했다. 그러나 어쩌면 그가 그 일이 있기 전부터 뭔가 안 좋은 일이 있던 것은 아닐까? 그의 과격한 행동은 그런 신호를 보냈던 것이고 그렇기 때문에 그는 나의 긍휼을 받을 만한 상태일 수도 있었던 것은 아닐까? 물론 그렇다고 해서 내가 그를 일요일 저녁 식사에 초대하고 싶었다거나 또는 큰 선물을 그에게 해 주고 싶었다는 뜻은 아니다. 그러나 나는 그 순간 짧은 기도를 했고 그를 판단하려는 마음을 삼갈 수 있었으며 내가 이 책을 집필하기 전까지는 그 사건을 별로 마음에 떠올리지도 않았다.

만약 그 사나운 운전자가 그 일이 있기 얼마 전에 재정적으로 파탄이 났다거나 또는 그의 집이 압류되었다는 통지를 받은 사람이라는 것을 나중에 내가 알았다면 어떨까? 만약 그가 죽어 가는 아들을 돌보며 병원에서 밤을 샜던 사람이라는 걸 알았다면 어떨까? 그런 것들이 나의 생각을 바꿀 수 있을까? 당연히 바꿀 것이다! 그렇다면 우리는 무례한 운전자나 사나운 사람을 우연히 만날 때마다 그와 비슷한 시나리오를 가정할 수 있을까? 그렇다. 만약 우리가 감정적으로 흥분된 순간에 있어도 그러한 상황에서 빠져나오기로 결정한다면 얼마든지 할 수 있다.

그날 나에게 정말 교훈이 되었던 것은 나의 긍휼이 나의 기쁨을 지켜 주었다는 것이다. 나는 상대방 운전자가 손톱만큼이라도 나의 긍휼을 감사하게 받아들였을 것이라고는 생각하지 않는다. 그러나 내가 그의 반응에 똑같이 맞받아치지 않았기 때문에 그 사람도 그 정도에서 가라앉았을 것이다.

사람들이 부정적으로 반응하면 당신이 알지 못하는 어떤 일이 그 사람에게 일어났기 때문이라고 그 일을 탓해 보라. 그들은 어쩌면 정말 힘든 하루를 보냈을 수도 있다. 당신이 거기에 어떻게 반응하느냐는 당신의 성품을 드러낸다.


긍휼의 역량을 키워 주는 방법에는 세 가지가 있다.

첫째, 사람들에게 호기심을 가지라. 다른 사람의 이야기에 호기심을 가지면 교환의 법칙이 활성화된다. 그것은 부정적인 생각을 긍정적인 생각으로 바꾸어 준다. 또한 당신을 그 부정적인 상황에서 벗어나게 해 주고 그것을 나에 대한 개인적인 감정 때문이라고 받아들이지 않게 되어 긍휼을 품을 수 있는 마음을 만들어 준다.

둘째, 아주 부정적인 감정 폭발은 거기에 당신이 어떻게 반응하느냐에 따라 달라지며 처음에 보이는 것만큼 불길하지 않을 수 있다는 것을 기억하라. 당신은 그들이 부정적으로 반응하도록 빌미를 주었을 수는 있지만 그들의 부정적 태도의 근원은 아니다. 다른 사람들의 감정적 반응에 요동하지 않는 타입의 사람이 되도록 스스로 노력해 보라.

셋째, 대부분의 스트레스와 긴장은 앞으로 성장하기 위한 과정에 불과하다는 것을 기억하라. 사실 생산적인 마찰이 없는 곳에서는 오히려 침체가 이루어질 가능성이 있다. 침체는 기쁨을 생산하지 않는다. 우리 몸의 근육처럼 우리의 감정 근육도 더 강하고 더 탄력 있게 되려면 종전의 한계치 이상으로 당겨 줘서 늘어나게 해야 한다. 그러므로 대처하기 힘든 까다로운 사람을 만나면 오히려 그것을 성장의 기회로 여기라.


긍휼을 베푸는 삶에서 유일하게 안 좋은 면이 있다면, 당신이 마지막 숨을 거둘 때 긍정적으로 추측해 왔던 것들이 사실이 아님을 알게 될 수도 있다는 것이다. 혹시 그렇다 하더라도 다른 사람들에 대해 안 좋게 가정하고 추측하면서 사는 것보다는 훨씬 당신에게 좋을 것이다. 여기에 동의하는가? 어쨌거나 우리는 생각이 얼마나 큰 영향력을 가졌는지를 배웠다. 이 놀랍도록 유익한 것에 통달하려고 하지 않을 이유가 뭐겠는가? 기억하라. 해석이 바뀌면 감정도 바뀐다.

# 4:8 원리 실행하기

### 생각연습하기 21

인생에서 당신과 중요한 관계를 맺고 있는 사람들을 생각해 보라. 그 중 네 사람의 이름을 왼쪽 칸에 쓰고, 오른쪽 칸에는 그들에게 당신이 좀 더 많은 긍휼을 가질 수 있는 한 가지 방법을 써 보라.

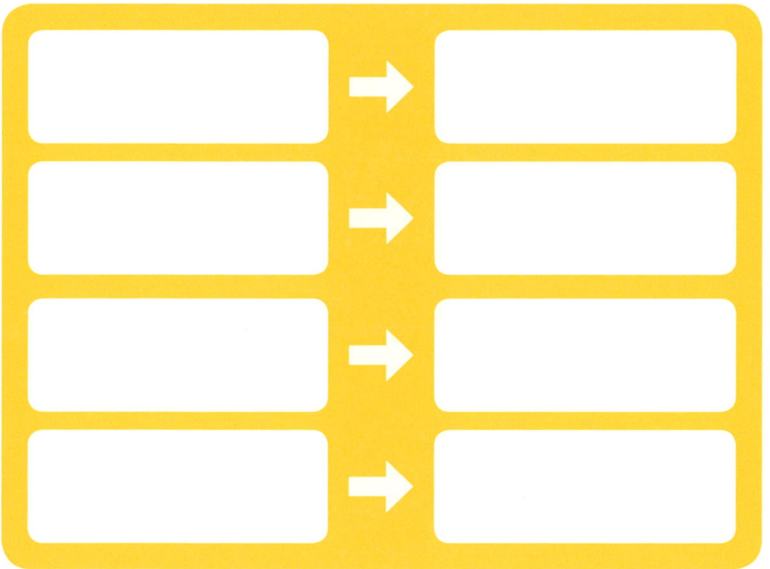

### 한 발짝 깊이 들어가기

오늘 하루 동안 당신에게 있는 거의 모든 4:8 에너지를 집중할 한 사람을 골라 보라. 배우자, 자녀, 형제, 친구, 부모, 직장 동료, 상사, 주요 고객, 또는 그 외에 당신의 삶에 특별한 사람들 중에 아무나 선택하면 된다. 이 사람은 당신의 관심을 필요로 한다. 왜냐하면 그가 어려운 상황에 처해 있기 때문에 또는 그저 그 사람이 당신에게 중요한 존재라서 그 사람에게 집중하기로 결정하는 것도 괜찮다. '목표 대상'을 정함에 있어서 하나님의 인도하심을 구하라. 하나님께 그날 하루 그 사람에게 기쁨을 전하는 대리자로 당신을 사용해 달라고 기도하라.

 **마음에 새기기(쪽지에 써 붙이자)**

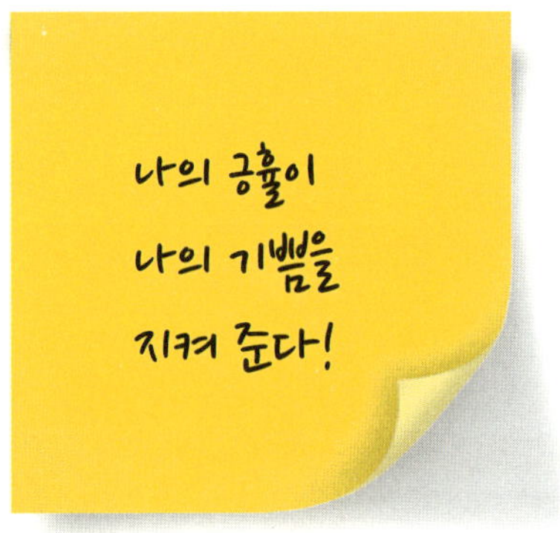

 **오늘의 기도**

하나님 아버지, 은혜와 자비로 나를 감싸 주시니 감사합니다. 아버지께서 나에게 긍휼을 베풀어 주신 것처럼 오늘 내가 다른 사람들에게 긍휼을 베풀 수 있도록 감동을 주세요.

# 우리는 스펀지
## −우리를 둘러싼 것들로 인한 기쁨

우리는 환경에 푹 젖어 있다.

우리는 숨 쉰다. 우리는 산다. 우리는 생각한다. 우리는 걷는다. 우리는 말한다. 우리는 일한다. 우리는 기도한다. 우리는 논다. 그러한 매 순간 우리는 환경의 영향을 받는다. 그리고 우리가 마음에 받아들이는 것들은 우리의 생각, 느낌, 가치, 기대, 행동을 좌지우지한다. 마음에 받아들이지 않았는데 마음에서 나올 수 있는 것은 없다. 잠언 4장 23절에서는 "모든 지킬 만한 것 중에 더욱 네 마음을 지키라 생명의 근원이 이에서 남이니라"라고 말했다.

받아들이기 좀 힘들 수도 있지만 사실 우리가 현재 이런 상황에서 이런 모습으로 살고 있는 것은 우리 스스로 마음과 정신에 들어오도록 허용해 준 이와 같은 지배적인 생각들 때문이다. 하나님과의 관계는 물론 감정적·신체적 건강, 결혼 생활, 가정생활, 직업, 재정 상태는 당신의 정신적 식이요법의 방식에 큰 영향을 받았으며 앞으로도 받을 것이다. 따라서 삶의 질을 향상시키는 가장 좋은 방법은 먼저 생각의 질을 향상시키는 것이다. 그리고 생각의 질을 향상시키는 가장 좋은 방법은 늘 깨어 있으며 마음을 지키는 것이다.

많은 사람들이 인간의 마음이 가진 놀라운 힘을 가볍게 본다. 왜냐하면 마음에 계속 불만을 갖는 것은 인생의 상황들을 스스로 책임지고 받아들이기보다 자기 자신이 아닌 다른 것들 탓으로 돌리기 때문이다. 물론 우리가 지금의 상황들을 내 책임이라고 인정하기는 어렵다. 때로는 정말 인정하기가 어렵다. 그러나 책임을 인정하는 것은 부정적인 감정에서 벗어나 더 큰 기쁨을 향해, 더 큰 만족을 향해, 더 큰 자유를 향해 비상할 수 있는 도약점이 된다.

나는 나의 고객들에게 개인이 지는 책임 중에 가장 높은 형태의 책임은 생각을 다스리는 것이라고 늘 말한다. 책임을 인정하기 전까지는 모든 정신적인 작업이 지연되며 따라서 높은 곳을 향해 비상하는 것도 미루게 된다.

마음을 지킬 때 기쁨도 지킬 수 있다. 마음을 지킬 때 마음에 뭔가를 받아들임으로써 치르게 될 잠재적인 대가가 무엇인지 계산해 볼 수 있다. 다시 말하면 어떤 생각이 잠깐 들어오는 것인지 아니면 영구적으로 내 안에 똬리를 트는 것인지 계산할 수 있다.

마음을 지킬 때 부정적인 스크립트, 나쁜 코드, 해로운 바이러스로부터 당신의 정신적인 소프트웨어를 지킬 수 있다. 마음을 지킨다는 것은 참된 것, 순결한 것, 사랑받을 만한 것, 탁월한 생각을 멀어지게 하는 환경적인 요소들로부터 마음을 지키는 것이다. 더 나아가 '4:8 자극 요인'에 접속하려면, 이와 반대되는 기쁨을 줄어들게 하는 '8:4 자극 요인'들을 걸러내야 한다.

나는 신실한 그리스도인들조차도 자신의 마음이 어떤 것에 얼마나 많이 노출되는지에 대해 별로 신경 쓰지 않는 것을 많이 보았다. 그들은 라디오에서 나오는 것들을 아무거나 무심코 듣는다. 그들은 사람들이 보는 인기 텔레비전 프로를 본다. 그들은 모든 사람들이 읽는 책을 읽는다. 다른 사람과 마찬가지로 그들은 눈에 들어오는 뉴스 헤드라인들을 뭐든 전부 읽고 받아들인다. 그들은 하루 동안 무심코 이런저런 대화에 맞장구치며 끼어든다. 특별한 의도가 있거나 사전에 깊이 생각해 보지도 않고 그런 대화를 한다. 그리고 그런 과정에서 그들은 대부분의 다른 사람들과 마찬가지로 인간관계나 삶에서 기쁨이 바닥나는 것을 느낀다. 별로 놀라울 일도 아니다.

그리스도를 따르는 사람들 중에 아주 많은 사람들이 자기의 마음을 지키거나 먹이지 않고 그저 시대 문화를 따라간다. 그들은 늘 하듯이 읽는 것, 보는 것, 듣는 것에 아무렇지도 않게 충동적으로 접근한다. 그들의 정신 식사는 믿지 않는 사람들과 전혀 다르지 않거나 아니면 그저 조금 다를 뿐이다. 그리고 그들은 우리 모두가 그렇듯이 주변 환경에 푹 젖어 살기 때문에 점점 그 시대에 융합하는 세계관과 그에 걸맞은 가치관, 즉 대중적 문화를 흡수한다.

대중문화에 '무한 접속'하면서 아주 높은 수준의 기쁨을 유지할 수는 없다. 이러한 문화의 잡초들을 완전히 피할 길은 없지만 우리는 자신을 어디에 노출시킨 것인지 까다롭게 선별함으로써 손상을 최소화할 수는 있다.

마음에 무엇을 먹일 것인지 결정할 때 아래의 질문들을 생각해 보라.


1. 이 책을 읽은 결과 나는 어떤 면에서 성장할 수 있는가?

2. 잠들기 전에 그리고 아침에 깨어났을 때 무엇이 나의 관심을 사로잡는가?

3. 즐겨 사용하는 통신 매체는 나의 사명을 이루는 데 어떤 도움을 주는가?

162

4. 내가 보는 영화와 텔레비전 프로그램들은 신앙, 가족, 일에 대한
   나의 삶의 태도에 어떤 영향을 주는가?

5. 운전하는 시간을 성장하고, 배우고, 영감을 받는 데 더 잘 사용하
   려면 어떻게 해야 할까?

6. 나는 지난 일 년간 어떤 위인전과 자서전을 읽고 들었는가?

7. 우리 집 서재는 내가 인생에 대해 진지하게 배우고 있다는 것을
   보여 주는가?

8. 올해 나의 읽기 목표, 듣기 목표, 배우기 목표는 무엇인가?


세상의 잡다한 일에 소모하는 시간적인 비용을 계산해 보라. 이러한 소모적인 일과를 대수롭지 않게 여긴다면 신앙을 아주 심각하게 갉아먹을 수 있으며 기쁨과 충족감에 대한 잠재력을 막아 버릴 수 있다. 탁월함이 탁월함을 낳는다. 미덕을 쌓으면 미덕이 밖으로 드러난다. 잡초를 심으면 잡초가 나온다. 이것은 심은 대로 거두는 법칙이다. 이 진리를 피할 길은 없다.

제임스 알렌이 그의 고전수필집(《The Wisdom of James Allen》, 1997)에서 했던 말을 기억하라. "좋은 생각과 행동은 절대로 나쁜 결과를 가져오지 않는다. 나쁜 생각과 행동은 절대로 좋은 결과를 가져오지 않는다."

# 4:8 원리 실행하기

### 생각연습하기 22

어떻게 좀 더 선택적으로 마음먹을 수 있을까? 당신이 최근에 받아들인 기쁨을 저하시키는 요인 몇 가지를 먼저 찾아보라. 그리고 다른 칸에는 생산적인, 기쁨을 만들어 내는 요인을 써 보라. 아래 칸에는 앞으로 취할 긍정적인 변화를 써 보라.

| 기쁨을 저하시키는 요인 | 기쁨을 생산하는 요인 |
| --- | --- |
|  |  |

### 한 발짝 깊이 들어가기

특별히 당신에게 더 감동을 주고 더 기쁨을 주는 음악들을 정리해 보라. 40일의 여정 동안 가능하면 최대한 이 음악들을 들으라. 특별히 이른 아침과 자기 전에 그렇게 하라.

### 마음에 새기기(쪽지에 써 붙이자)

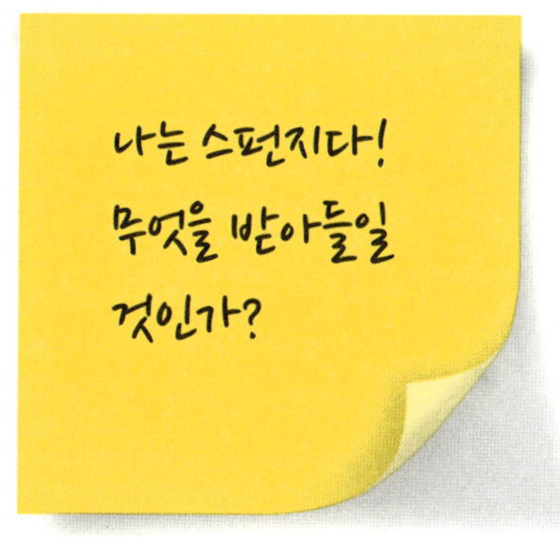

### 오늘의 기도

주님, 내 삶에 긍정적인 영향을 주는 모든 것들로 인해 감사드립니다. 오늘 나의 마음을 지켜 주시고 내가 흑백을 몽땅 받아들여서 회색으로 변하지 않도록 지켜 주세요.

# 어제 저녁식사로
# 무엇을 먹었나요?
## —좋은 질문이 주는 기쁨

캠프파이어를 하다가 당신이 입고 있는 스웨터에 불똥이 튀었다고 상상해 보라. 어떻게 하겠는가? 우리 아들 브룩스가 네 살이었을 때 그런 일이 일어났다. 아이는 무슨 일이 일어났는지 빨리 깨닫고는 나에게로 달려와 도와달라고 했다. 급히 달려오느라 허둥대다가 캠프파이어 불 위로 넘어질 뻔하기도 했다. 그러나 아이가 나에게 왔을 때는 이미 그 불똥이 저절로 사그라지고 없었다. 그 모습을 본 아이는 겨우 네 살 밖에 되지 않았지만 그렇게 놀랄 일이 아니었다는 걸 깨닫게 된 것 같았다.

불똥이 튀었을 때는 재빨리 털어내기만 하면 별일 없다. 부정적인 생각도 이와 마찬가지다. 부정적인 생각을 인식하도록 평소에 자신을 훈련하면 크게 호들갑을 떨지 않고도 그런 생각들을 없애 버릴 수 있다.

우리는 '4:8 원리'가 좋은 것에 집중하는 것임을 잘 알고 있다. 그런데 우리의 삶에는 긍정적인 것들도 점점 발전하지만 그다지 긍정적이지 않은 것들도 발전하기 마련이다. 삶은 이 두 가지로 꽉 차 있는데 어떻게 우리의 생각을 올바른 방향으로 계속 유지할 수 있을까? 기쁨을 방해하는, 머릿속에 순간순간 떠오르는 부정적인 생각들을 어떻게 쓸어 없앨 수 있을까? 특히 어떻게 나쁜 일들로 둘러싸인 중에도 좋은 것에 집중할 수 있을까?

여기에서 당신에게 중요한 질문 한 가지를 해 보겠다. 어제 저녁식사로 무엇을 먹었는가?

나는 우리의 관심을 급전환시킬 때 질문이 얼마나 큰 위력을 발휘하는지를 설명하기 위해 종종 이런 이상한 질문을 던진다. 이처럼 어떤 부정적인 생각에 휩싸여 있을 때 긍정적인 생각으로 부정적인 생각을 없애 버릴 수 있다.

그것은 사실 생각의 틀을 어떤 식으로 만드느냐에 따라 달라진다. 예를 들면 내가 당신에게 "당신의 집에서 어떤 부분이 가장 신경에 거슬리나요?"라고 묻는다면 의심할 것도 없이 당신은 집에 대해 싫어하는 점을 말할 것이다. 만약 내가 "당신의 집에서 어떤 것들이 가장 마음에 드나요?"라고 묻는다면 전과는 매우 다르게 반응할 것이다. 이렇듯 당신의 답은 질문에 따라 결정된다.

내가 당신에게 "당신이 살던 동네는 어떤 면에서 별로였나요?"라고 묻는다면 당신은 고향이 어떤 점에서 대단한지 말하려는 생각조차 하지 않을 것이다. 어떤 생각을 할 때 우리는 마음속으로 질문도 하고 답도 한다. 우리는 하루 종일 속으로 질문하고 답하면서 마음속으로 대화를 한다. 다른 사람과 대화를 즐길 때도 동일한 과정이 일어난다. 다만 다른 사람이 질문해주기 때문에 좀 더 대화가 활기차게 진행되는 것뿐이다.


당신은 속으로 어떤 종류의 질문들을 습관적으로 하는가? 4:8 원리의 생각을 습관화하기 위한 가장 효과적인 기술은 4:8 방식으로 질문하는 습관을 기르는 것이다.

4:8 질문하기 = 4:8 생각하기

즉, 습관에 따라 질문하고, 또 답하는 훈련을 스스로 하는 것이다. 끊임없이 질문하면 초점이 바뀌게 되고, 초점이 바뀌면 기분이 급속히 바뀌기 때문이다. 사실 질문은 사기가 떨어지는 것에서 사기가 올라가는 것으로, 상처를 입는 것에서 희망을 품는 것으로, 부정적인 것에서 긍정적인 것으로 우리의 관심을 이동시켜 주는 가장 효과적이고 유일한 도구다.

그렇다면 4:8 질문이란 정확히 무엇인가? 그것은 긍정적인

168

반응을 요구하는 질문이다. 다음은 몇 가지 예다.

- 내가 지금 감사하는 것 네 가지는 무엇인가?
- 나의 가장 큰 장점 네 가지는 무엇인가?
- 내가 지금까지 가장 크게 성취한 것 네 가지는 무엇인가?
- 나를 가장 사랑하는 네 사람은 누구인가?

이 질문들은 긍정적인 답을 이끌어 내고 각각의 질문에 대답함으로써 당신을 계속 긍정적인 생각에 머무르게 할 수 있다. 더 나아가 당신을 좀 더 깊은 수준으로 나아가도록 만드는 질문을 할 수도 있다. 예를 들면 아래와 같은 것들이다.

- 나는 아내의 어떤 점을 정말 좋아하며 오늘 아내에게 어떻게 감사의 표시를 할 수 있는가?(남편에게 해당)
- 이번 주에 나는 나를 어떤 면에서 더 잘 관리할 수 있으며, 그 결과 남편을 어떻게 더 잘 돌볼 수 있는가?(아내에게 해당)
- 나에게 있는 장점을 네 가지만 꼽는다면? 다음 주에는 그 장점들을 어떻게 평소보다 더 활발하게 사용할 수 있는가?(모두에게 해당)

나는 당신에게도 이러한 질문으로 하루를 시작하라고 권하고 싶다. 나는 아침에 샤워할 때 이러한 질문들을 하고 또 답을 한다. 그렇게 하면 시간을 따로 낼 필요가 없다. 나의 고객들 중에 많은 사람들이 저녁 식사 기도를 하기 전에 가족들과 함께한 자리에서 이런 질문들을 하고 답하는 연습을 한다. 내가 운영하는 '1% 클럽'의 멤버들은 매일 잠자리에 들기 전에 4:8 질문들을 속으로 던지고 또 답을 한다.

우리는 좀 더 충만하게, 좀 더 깊이, 좀 더 의미 있는 삶을 살기를 원한다. 기쁨이 가득한 삶을 원하지 않는 사람이 어디 있겠는가? 우리는 어떻게 그 목표에 도달할 수 있을까? 그것은 생각의 변화와 함께 시작된다. 당신이 속으로 계속 질문을 바꾸면 생각도 달라지기 시작한다. 좀 더 좋은 질문을 하면 좀 더 좋은 답을 받게 된다.

마음에 잠깐 스쳐 지나가는 부정적인 생각은 내면의 기쁨에 아무 영향을 주지 못한다. 그러나 마음에 들어와 자리 잡은 생각들은 마치 작은 불똥이 스웨터에 불을 옮길 수 있는 것처럼 부정적인 영향을 퍼트린다. 이를 볼 때 주변 환경으로 인해 시작된 생각들을 완전히 다스릴 수는 없지만 최소한 어떤 생각에 계속 머물 것인가 하는 문제는 우리가 관리할 수 있다.

4:8 질문들은 잠깐 스쳐 지나가는 부정적인 생각을 없앨 수 있는 그리고 계속 반복되는 생각들을 의도적으로 관리하게 해주는 간단한 도구다. 그런 질문들은 당신의 관심을 인생의 가치 없는 것들에서 멀어지게 하고 인생에서 가장 좋은 것들에 관심

을 돌리게 해 준다. 당신은 4:8 질문들이 생각의 초점을 금방 바꿔 주는 것을 느낄 것이다. 결과적으로 그런 질문들은 어떤 순간이든지 우리의 창조성, 활기, 기쁨의 수준은 물론 기분에까지 영향을 준다.

## 4:8 원리 실행하기

### 생각연습하기 23

당신은 습관적으로 어떤 질문들을 속으로 하는가? 긍정적인 답을 이끌어 내는 여덟 가지 질문들을 써 보고 인생의 좋은 것들로 관심을 이동시켜 보라.

1
2
3
4
5
6
7
8

 ### 한 발짝 깊이 들어가기

샤워를 하는 동안 위의 '생각연습하기'에서 만들어 둔 기쁨을 이끌어 내는 질문들을 속으로 던지고 답하는 습관을 시작해 보라. 우리는 규칙적으로 샤워를 하기 때문에 이렇게 하면 따로 시간을 내지 않아도 마음속으로 질문하는 시간을 쉽게 가질 수 있을 것이다.

기쁨을 더 크게 하기 위해서는 식사기도를 하기 전에 가족들과 그런 질문들을 나누고, 잠자리에 들기 전에 배우자와 그런 질문들을 해 보라. 하루 종일 당신의 마음에 4:8 질문하기를 가능하면 최고의 우선순위에 놓으라.

 ### 마음에 새기기(쪽지에 써 붙이자)

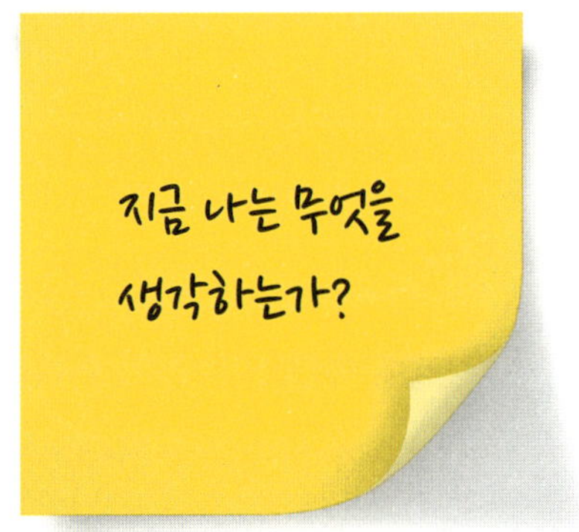

 ### 오늘의 기도

하나님, 나의 관심을 끌 수 있는 질문들을 선물로 주셔서 감사합니다. 오늘 탁월하고 칭찬받을 만한 것에 마음을 집중하게 해 주는 질문들이 내 마음에 떠오르게 도와주세요.

# 일은 하나님이 주신 삶의 무대

## －탁월하게 일하는 기쁨

하나님은 당신이 기쁨으로 가득해지기를 원하실까? 이 책을 읽고 있는 당신은 뭐라고 답할지 이미 알고 있다고 나름 자신한다. 여기 또 다른 질문이 있다. 하나님은 당신이 기쁨 가득한 삶을 살기를 원하시지만 생계를 위해 무슨 일을 하는지에는 별로 관심이 없을 것이라고 생각하는가? 당신은 하나님이 그의 자녀들이 깨어서 활동하는 시간 중에 절반을 지루하고 비참하게 지내기를 원한다고 생각하는가? 나는 그렇지 않다고 생각한다.

일은 우리의 삶에서 상당한 부분을 차지한다. 하나님이 일을 창조하신 것은 그것이 우리의 영혼에 좋기 때문이다. 일은 하나님이 만든 벌이 아니다. 사실 그것은 인간이 타락하기 이전부터 존재했다. "여호와 하나님이 그 사람을 이끌어 에덴 동산에 두어 그것을 경작하며 지키게 하시고"(창 2:15) 일은 하나님의 선물이다. 이러한 마음가짐은 일하면서 기쁨을 잃는 것이 아니라 기쁨을 얻게 해 준다.

똑같은 동네에서 비슷한 삶을 살아가고 있는 비슷한 두 사람이 있다고 상상해 보자. 유일한 차이점은 한 사람은 자기의 일이 필요악이라고 생각하고 다른 사람은 부르심이라고 생각한다는 것이다. 이러한 상대적인 관점이 그들의 기쁨의 양에 당연히 영향을 끼치지 않겠는가?

주어진 일을 사역으로 받아들이라. 일은 하나님이 우리를 영적으로 성장하도록 돕기 위해 지렛대로 사용하시는 무대다. 그것은 또한 청지기가 된다는 것이 무엇인지를 배울 수 있는 아주 중요한 기회다. 주어진 일을 하나님과 자신 앞에서 최선을 다해 탁월하게 해낼 때 큰 기쁨과 만족을 누릴 것이다. 하나님의 창조 세계를 관찰해 보면 하나님이 얼마나 탁월한 것을 좋아하시는지 알 수 있다.

인간의 심장은 하루도 쉬지 않고 1년에 4천만 번 뛴다. 인간의 두뇌 무게는 겨우 1.3~1.8킬로그램 밖에 되지 않지만 거기에는 약 천억 개의 신경세포들이 있다. 그 숫자는 우주에 있는 별들의 숫자와 거의 동일하다고 한다. 하나님은 매우 정밀하게 각 사람을 만드셨다. 인간의 DNA만 살펴봐도 그렇다. 하나의 세포에 담긴 DNA는 약 600페이지가 되는 백과사전 천 개 정도의 분량이다. 보통 어른 한 사람에게는 100조 개의 세포들이 있는데 그 수명과 기능과 크기와 모양이 다양하다. 그리고 달은 조수간만이 적절히 잘 이루어질 만큼 딱 적당한 거리에 위치해 있어서 아주 큰 배가 필요하지 않게끔 해 주고 있다!

하나님은 이 세상을 탁월하게 만드셨다! 하나님은 우리도 탁월하기를 원하신다. 잠언에서부터 복음서의 비유에 이르기까지 하나님의 말씀은 탁월성, 빈틈 없음, 생산성을 좋아한다. 다음은 그에 대한 좋은 예들이다.

1. 모든 수고에는 이익이 있어도 입술의 말은 궁핍을 이룰 뿐이니라 (잠 14:23)

2. 네 손이 일을 얻는 대로 힘을 다하여 할지어다 (전 9:10)

3. 너희가 먹든지 마시든지 무엇을 하든지 다 하나님의 영광을 위하여 하라 (고전 10:31)

4. 너의 행사를 여호와께 맡기라 그리하면 네가 경영하는 것이 이루어지리라 (잠 16:3)

5. 도둑질하는 자는 다시 도둑질하지 말고 돌이켜 가난한 자에게 구제할 수 있도록 자기 손으로 수고하여 선한 일을 하라 (엡 4:28)

6. 게으른 자는 그 손을 그릇에 넣고도 입으로 올리기를 괴로워하
   느니라 (잠 26:15)

7. 네가 자기의 일에 능숙한 사람을 보았느냐 이러한 사람은 왕 앞
   에 설 것이요 천한 자 앞에 서지 아니하리라 (잠 22:29)

8. 부지런한 자의 경영은 풍부함에 이를 것이나 조급한 자는 궁핍
   함에 이를 따름이니라 (잠 21:5)

9. 너는 잠자기를 좋아하지 말라 네가 빈궁하게 될까 두려우니라
   네 눈을 뜨라 그리하면 양식이 족하리라 (잠 20:13)

10. 게으른 자의 욕망이 자기를 죽이나니 이는 자기의 손으로 일하
    기를 싫어함이니라 (잠 21:25)


성경에 보면 탁월성을 권장하고 또 존중하고 있다. 당신은 직
장에서 얼마나 많은 시간을 보내는가? 그렇다면 다른 사람들에
게 좋은 본을 보여 줄 수 있는 장소로써 이보다 더 적합한 장소
가 있을까?

직장에서 기쁨을 드러내라. 만약 지금까지 기쁨을 찾지 못했
다면 직장 생활에 임하는 태도를 빨리 바꿔야 할 필요가 있다.
만약 기쁨을 발견할 수 없다면 기쁨을 만들어라. 여기에는 필
수적인 두 가지 선택이 있다. 하나는 좋아하는 직장으로 옮기는
것이고, 만약 즉각 그렇게 할 수 없는 형편이라면 주어진 일을
사랑할 수 있는 방법을 찾는 것이다.

우리의 일은 세속적인 활동이 아니라 하나님과 동행하는 삶의 연장선이다. 안타깝게도 믿는 자들 중 많은 사람이(그 외의 사람들은 말할 것도 없고) 아직도 직장을 영적인 삶과는 관계없는 동떨어진 섬이라고 생각한다. 하물며 어떤 사람들은 직장을 필요악이라고까지 생각한다. 저녁 시간과 주말을 좀 더 즐겁게 보내기 위해서 반드시 지불해야 하는 일종의 고행이라고도 생각한다. 이러한 태도는 하나님을 영화롭게 하지 못하며 자기 자신을 위해서도 별로 좋지 못하다.

운동선수든 목사든 사업가든 FBI요원이든 기업 총수든 주부든 교사든 간에 당신에게는 어떤 식으로든 섬겨야 할 대상들이 있다. 일을 집에서 하든지 공장에서 하든지 사업장에서 하든지 본사 사무실에서 하든지 그건 문제가 되지 않는다. 일의 목적은 다른 사람들을 섬기는 것이며 비즈니스나 또는 삶의 가치를 높이는 것이다. 우리는 섬기는 삶을 살도록 지음받았다. 그리고 그것을 탁월하게 잘해낼 때 우리는 부요함을 느끼며 기쁨이 지속되는 것을 느낀다.

무슨 일을 하든지 당신이 섬겨야 할 보스는 하나님인 것처럼 하라. 왜냐하면 그것이 사실이기 때문이다. 하나님의 영광을 위해 일할 때 당신이 하는 그 일의 의미는 명확하게, 의심없이 중요해진다! 일하는 태도와 방식은 하나님을 얼마나 헌신된 자세로 섬기는지를 가장 실제적으로 보여 주는 것이다. 일할 때는 온전히 탁월하게 하려는 태도 외에 다른 것들은 과감히 잘라 내 버리라.

최선을 다하는 것, 최소한으로 하지 않고 오히려 최선에서 좀 더 나아가는 것은 하나님과 동행하는 삶에, 결혼 생활에, 건강에, 직장에, 그리고 삶의 모든 영역에 기쁨을 풍성하게 해 주는 파워풀한 핵심 열쇠다. 다른 사람들이 기대하는 것 이상으로 하라. 만약 당신이 월급을 받는 직장인이라면 현재 급여보다도 더 많은 일을 하는 것이 장차 급여를 더 많이 받을 수 있는 가장 빠르고 절대적인 길이다.

사도바울은 그리스도인의 라이프스타일을 경기를 완주하는 데 필요한 꾸준한 훈련, 준비, 인내에 비교했다. "운동장에서 달음질하는 자들이 다 달릴지라도 오직 상을 받는 사람은 한 사람인 줄을 너희가 알지 못하느냐 너희도 상을 받도록 이와 같이 달음질하라 이기기를 다투는 자마다 모든 일에 절제하나니 그들은 썩을 승리자의 관을 얻고자 하되 우리는 썩지 아니할 것을 얻고자 하노라"(고전 9:24-25) 이 말은 어떤 자세로 살아야 할지를 시각적으로 잘 그려 준다. 정체기에는 아무 재미도 없으며 현실에 안주해서는 절대로 하나님을 영화롭게 할 수 없다. 그러므로 일을 좀 더 완성도 높게 하고자 자신의 한계에 도전하라. "그런즉 너희가 먹든지 마시든지 무엇을 하든지 다 하나님의 영광을 위하여 하라"(고전 10:31)는 말씀을 기억하라. 하나님 없이 평생 동안 이루는 것보다 한 시간을 살아도 하나님과 함께할 때 더 많은 것을 이룰 수 있다. 그리고 그렇게 할 때 솔로몬 왕이 말한 것처럼 "왕 앞에 설 것이다"(잠 22:29).

## 4:8 원리 실행하기

### 생각연습하기 24

다른 사람들을 더 섬기고 다른 사람들에게 더 많이 공헌하기 위해 당신이 할 수 있는 것은 무엇인가? 함께 일하는 동료든 직원들이든 또는 고객이든지 그들의 삶의 가치를 좀 더 높여 줄 수 있는 방법 네 가지를 써 보라. 오른쪽 칸에는 좀 더 잘 섬기기 위해 할 수 있는 첫 번째 단계를 써 보라.

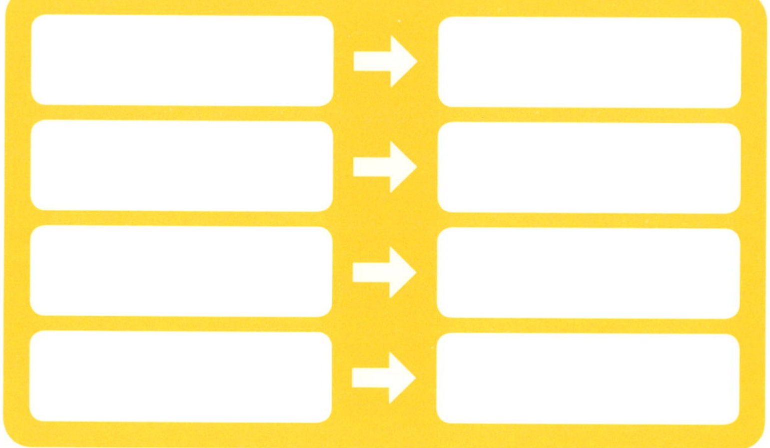

## 한 발짝 깊이 들어가기

앞으로 8일 동안 전에는 한 번도 생각하지 못했던 직장 생활의 영적인 면을 비중 있게 생각해 보라. 매일 주님께 헌신하고 주어진 모든 일을 탁월하게 하기 위한 노력을 꾸준히 쏟아부으라. 하나님에게 업무 보고를 한다고 계속 마음에 되뇌라. 이 8일 동안 매일매일 일과 관련되어 만나는 모든 사람을 기쁨으로 축복하는 것을 최고의 우선순위로 삼으라.

## 마음에 새기기(쪽지에 써 붙이자)

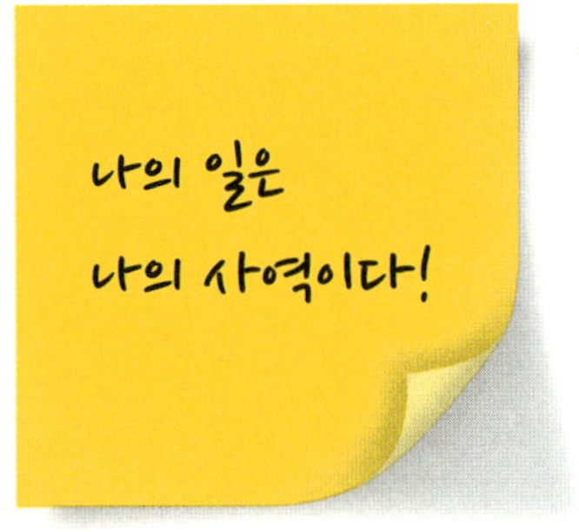

## 오늘의 기도

하나님 아버지, 일을 사역으로 주셔서 감사합니다. 오늘 일터에서 기쁨으로 일에 임하며, 탁월하게 일을 해내며, 아버지를 영화롭게 하는 좋은 본을 보일 수 있게 도와주세요.

# 두 걸음 전진을 위한
# 한 걸음 후퇴

## —묵상의 기쁨

자동 조종 장치가 달린 비행기를 타고 인생을 날아가면 어리석고 심각한 실수를 반복적으로 저지르게 된다. 게다가 그것이 끝이 아니다. 시간이 흐르면서 기쁨을 빼앗기게 된다. 그런데 통제 불능 상태에 있는 로봇처럼 되게 하는 스위치가 꺼지고 우리 스스로 삶을 살아가도록 자유롭게 해 주는 삶의 기술이 있다. 이 기술을 습득하면 당신은 변화를 만들어 낼 수 있게 된다.

이 삶의 기술은 바로 '묵상'이다. 기도와 함께 조용히 생각하는 시간을 가지면 영적인 성장을 위한 충전이 이루어지며 많은 지혜를 얻게 된다. 무엇보다 가장 좋은 것은 그 묵상을 통해 깨달은 것을 삶에 실천하는 것이다. 묵상에는 미래를 위해 좋은 결정을 내리려고 의도적으로 과거를 돌아보는 것, 즉 과거에서 중요한 교훈을 얻는 것이 포함된다. 고대 그리스인들은 그렇게 해서 많은 지혜를 얻었다. 소크라테스는 "자기 점검이 없는 삶은 가치가 없다"라고 말했다. 아리스토텔레스도 "계획성이 없는 삶은 살펴볼 가치가 없다"라는 말로 자신의 깨달음을 이야기했다.

오늘은 10년 전에 우리가 기대했던 미래다. 그렇다면 우리는 바랐던 만큼 기쁨을 누리며 살고 있는가? 우리는 자신이 선택하고 결정한 것에 의문을 달아 보는가? 지금까지 얼마나 인생을 잘 관리해 왔는지 평가해 보는가? 조지 워싱턴은 "우리가 과거의 실패를 통해서 유용한 교훈을 얻지 못한다면 과거를 돌아보지 말아야 한다"라고 말했다. 이것을 종합해 보면 '묵상하기'란 좀 더 많은 지혜를 가지고 앞으로 나아가기 위해 뒤를 돌아보는 것이다.

삶이 워낙 쏜살 같이 지나가다 보니 그동안 내렸던 여러 가지 결정들이 얼마나 질 높은 것들인지 그리고 인생의 방향이 바람직한지 등을 평가해 보는 시간을 갖는 사람은 별로 없다. 하물며 미래를 위한 계획을 세우는 사람들은 더더욱 없다. 대부분의 사람들은 달력에 적혀 있는 해야 할 일들의 홍수에 떠밀려 가듯이 살며, 부모나 자식이나 꼬리에 꼬리를 무는 이런저런 일에 치여서 살아간다. 인생의 방향 전환에 대해 거의 생각해 보지 않은 채 매일매일 동일한 습관을 따라 행동하고, 또 별생각 없이 그것을 반복한다.

이렇게 정신없이 바쁘게 돌아가는 삶은 우리 인생에 위험한 사각지대를 만들며, 기회들을 놓치며, 중요한 인간관계들을 소홀히 하며, 실수를 반복한다. 많은 이들에게 묵상과 자기성찰이란 단지 위기, 비극, 또 다른 중요한 감정적인 사건이 있을 때만 하는 것일 뿐이다. 물론 묵상은 힘든 삶의 여파를 지날 때도 분명 가치가 있지만 그러나 미리 앞당겨 효율적으로 할 때 더욱 가치가 있다.

에어쇼로 유명한 미 해군 블루엔젤의 조종사들은 쇼가 끝난 후 나중에 참고하거나 또는 수정하기 위해 반드시 사후 점검을 받는다. 미식축구팀은 작전회의를 하고 난 뒤 경기를 뛰고, 그러고 난 뒤 또다시 작전타임을 갖고 경기에 나간다. 블루엔젤과 미식축구팀 모두 어떤 것을 잘했는지 어떤 면에서 좀 더 향상할 수 있는지를 알아보기 위해 비디오로 자신들의 모습을 돌려본다. 이런 식으로 영상을 보면 책임감이 고양된다. 필름을 돌려보면 아무것도 숨길 수 없다. 실수를 범한 부분을 족집게처럼 집어낸 후에 파일럿이 앞으로 더 노력하겠다는 의지를 표현할 때 하는 말은 간단하다. "고치겠습니다!"

이를 볼 때 사전에 전략을 짠다는 것은 지혜를 얻기 위해, 더 좋은 성과를 내기 위해, 궁극적으로는 스트레스를 줄이기 위해 미리 잠깐 시간을 내는 것이다.

아래에는 내가 20년 이상 고객들에게 한 걸음 더 나아가도록 하기 위해 사용해 왔던 세 가지 질문들이 있다. 이 질문들은 아주 단순하다. 그러면서도 하나님과 일대일로 질문하고 답하는 중에 기쁨이 넘치는 쪽으로 삶의 방향을 잡아 주는 값진 생각들을 떠올리게 해 준다.

하나, 지금까지 잘 풀린 일은 무엇인가? 하나님께 당신이 잘하고 있는 일이 무엇인지 보여 달라고 구하라. 모든 상황에서, 모든 인간관계에서, 시간적인 제한과 관계없이 거의 항상 별 탈 없이 잘되는 것들이 있다. 이것은 즐거운 부분이다! 묵상할 때 잘되고 있는 요소들부터 생각하면 도움이 된다. 그렇게 하면 큰 그림을 그릴 때 균형 있는 관점을 유지할 수 있다.

둘, 지금까지 제대로 풀리지 않는 일은 무엇인가? 이것은 별로 즐겁지 않은 부분이다. 최소한 현재는 그렇다. 정직하게 모든 상황을 평가해 보면 문제를 일으켰던 또는 바라는 쪽으로 진행되지 않았던 크고 작은 몇 가지 일들을 찾아낼 수 있다. 주님께 물어보라. 주님께 눈에 띄지 않는 삶의 사각지대나 잘 간파하지 못한 고집스런 불순종의 문제가 있다면 제거해 달라고 기도하라.

셋, 향상을 이루기 위해 나에게 무엇이 필요한가? 이것은 세 개의 질문들 중에 가장 중요한 질문이다. 왜냐하면 앞서 나왔던 두 가지 질문들에서 나오는 피드백을 해석해서 그것을 바탕으로 앞으로 긍정적인 행동을 취하도록 해 주기 때문이다. 어떤 것이 잘되는지 어떤 것이 잘되지 않는지를 전체적으로 평가해 볼 때 앞으로는 어떤 면에서 변화가 필요하다고 생각하는가? 하나님의 뜻을 민감하게 깨달을 수 있게 해달라고, 다음 단계로 무엇을 해야 할지를 명확하게 보여 달라고 기도하라.

수많은 상황에서 앞의 세 가지 질문들을 해 보면 유익을 얻을 수 있다. 이 질문들은 연말에, 분기에, 월말에, 주말에, 그리고 매일 사용할 수 있다. 연간 또는 분기 평가를 할 때는 주별 평가를 할 때보다 더 많은 생각과 시간을 하겠지만 근본적으로 개념은 동일하다.

항상 눈코 뜰 새 없이 바쁜 일상에서 빠져나오기로 작정하고 달력에 시간을 표시하라. 여러 가지 마음을 뺏는 것들로부터 자유로워질 수 있는, 마음이 고요하고 편안해질 수 있는 평화로운 장소를 찾으라. 그러고 난 뒤 놀라우신 하나님에게 푹 빠지라. 하나님과 하나님의 성품을 묘사하는 시편을 읽으라. 무한한 사랑, 깊이를 측량할 수 없는 지혜, 무한한 능력, 놀라우신 은혜 등 하나님에 관해 알고 있는 것들을 떠올려 보라. 귀를 열고 들으라. 서두르지 말고, 조급하게 마음먹지 말고 그냥 들으라.

마음이 주님께로 향할 때 묵상 질문을 해 보라. 당신의 영적 여정에는 무엇이 효과가 있는가? 어떻게 점점 더 예수님을 닮아갈 수 있는가? 별로 효과가 없는 일은 무엇인가? 삶을 변화시키시는 하나님의 손에 들어가기 위해 좀 더 열린 자세를 갖도록 당신 쪽에서 시도할 수 있는 변화에는 어떤 것들이 있는가?

한 시간도 좋고, 한 나절도 좋고, 아니면 하루 종일도 좋다. 하나님과의 만남에는 시간을 투자할 만한 가치가 있다. 인생에서 앞으로 전진하려면 먼저 하나님과 조용한 시간을 가져라.

## 4:8 원리 실행하기 ·····················

### 생각연습하기 25

지난 90일 동안 당신의 삶에서 매끄럽게 잘 진행되었던 것들을 찾아 옆 페이지의 박스 왼쪽 칸에 써 보라. 재정, 대인관계, 일, 건강, 친지, 교회, 가정 등 삶의 모든 영역을 전부 포함시키라. 오른쪽 칸에는 매끄럽게 돌아가지 못했던 것들을 써 보라. 아래 칸에는 앞으로 다가올 90일 동안 자신을 향상하기 위해 할 수 있는 것들을 두세 가지 적어 보라.

### 한 발짝 깊이 들어가기

일주일에 15분이나 30분 정도를 잡고 지난 한 주를 점검해 보라. 지난 한 주 동안 진전을 보인 것들과 오히려 후퇴한 것들이 있는지 살펴보라. 그리고 하나님께 앞으로 일주일 동안 당신의 마음과 생각을 인도해 달라고 기도하라.

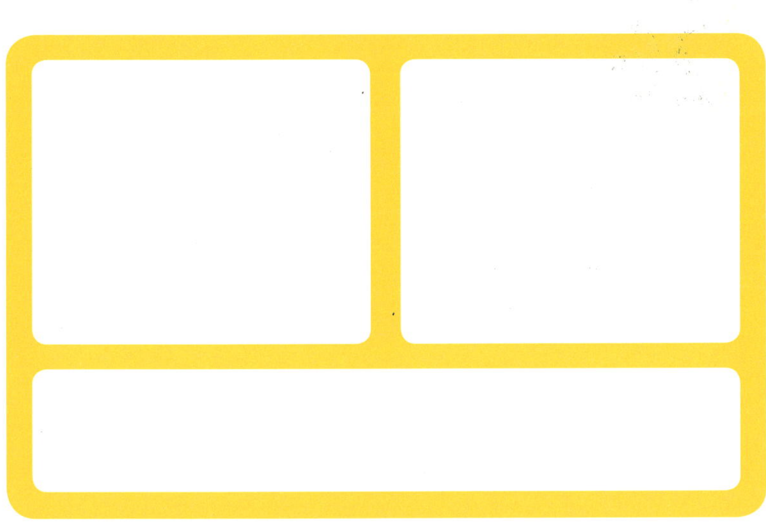



**마음에 새기기(쪽지에 써 붙이자)**

**오늘의 기도**

하나님 아버지, 나의 삶을 끊임없이 평가해 보는 것으로 통찰력을 얻을 수 있게 해 주셔서 감사합니다. 오늘 하던 일을 잠깐 멈추고 앞으로 내가 어떻게 살 것인지를 생각해 보도록 도와주세요.

# 잠깐 멈추고
# 그것을 놓아 버리라

## – 절제의 기쁨

그냥 놓아 버려라! 감정의 소용돌이는 위로 향하든지 아래로 향하든지 항상 둘 중 하나다. 이쪽으로나 저쪽으로 치우치지 않고 감정적으로 평탄할 때는 아주 드물다. 그런데 하필이면 중요한 결정을 내려야 하는 순간에 부정적인 감정에 빠지는 경우가 많다. 그럴 때 우리는 지나치게 자기 방어적으로 반응하기를 반복하거나, 아니면 그런 부정적인 생각을 그냥 쫓아내 버릴 수가 있다.

우리는 부정적인 생각에 빠지기를 거부할 수 있다. 그런 생각들을 그대로 재탕하거나 재생하기를 거부할 수 있다. 그렇게 하는 것이 도움이 된다. 그렇지 않으면 그런 생각들을 키우게 될 것이다. 아이러니하게도 우리가 말로든 마음속으로든 다른 사람을 향해 감정적인 독을 내뿜을 때 그 무시무시한 독을 삼키는 것은 다른 사람이 아닌 바로 우리 자신이다. 말도 안 되는 소리라고 할지 모르지만 이것은 정신이 번쩍 들게 하는 진실이다. 우리가 다른 사람에게 어떤 표현을 쓰든지 그것은 전부 우리에게 깊은 자국을 남긴다.

그러니 부정적인 생각에 영향을 받지 말고 그런 생각들을 내어 보냄으로써 그 생각들이 굶주려 죽게 하라. 우리는 그런 생각들에게 이미 당할 만큼 충분히 당했다. 자, 다시 한 번 설명해 보겠다.

나는 가족과 영화를 보러 가면 '해야 할 일 목록'이나 몇 가지 마무리해야 할 일들이 자꾸 생각나는 때가 많았다. 나는 마음속으로 '지금은 이런 생각을 할 때가 아니야. 그런 일들은 월요일에 하면 돼'라고 중얼거렸다. 그 짧은 나와의 대화가 여러 가지 잡생각을 금방 사라지게 해 주었다. 어쩌면 당신은 그렇게 하는 것이 옳은 것이라 생각하고 이와 똑같은 행동을 여러 번 했을 것이다. 그 와중에 당신은 정신 기어를 끊임없이 바꾸었을 것이다. 물론 이러한 변화는 대개 반사작용이지 의도적으로 하는 것이 아니다.

몇 년 전에 나는 네 살 된 우리 아이가 쿵하고 둔탁한 소리를 내며 침대에서 떨어져 자지러지게 우는 소리를 듣고 아내와 작은 말다툼을 하게 되었다. 그러나 우리는 이내 부정적인 반응을 가라앉히고 재빨리 우리의 관심을 아이에게로 돌렸으며, 그렇게 해서 한 가지 생각을 다른 생각으로 바꾸는 교환의 법칙을 실행했다. 우리는 언제든지 우리가 택한 것을 행할 자유가 있다.

때로 우리는 마치 부정적인 생각을 할 당연한 권리가 있는 것처럼 행동한다. 그러고는 그런 부정적인 생각들을 내보내지 않고 마음에 담는다. 그건 아무 유익이 없다. 당신은 언제든지 원할 때 그런 생각들을 떨쳐 버릴 수 있다. 그렇게 하기를 권한다.

나의 멘토들 중 한 사람은 몇 년 전에 나에게 이렇게 말했다. "그런 생각은 너와 완전히 밀착되어 있지 않아. 너에게 접착제처럼 단단히 붙여진 게 아니라고. 그것은 네가 어젯밤에 꾼 꿈보다도 더 비현실적인 거야." 우리를 부정적인 것에 매이게 하고 긍정적인 것을 놓치게 만드는 것은 끈질긴 습관에 불과하다. 꼭 부정적인 생각을 담아둘 필요가 있을까?

많은 사람들이 자신의 부정적인 상태를 다른 사람에게 표현하는 것에 익숙해졌기 때문에 그런 감정을 그냥 쫓아내 버리라는 말을 듣고 싶어 하지 않는다. 어떤 사람은 부정적인 감정을 표현하는 것이 좋다고 주장하기까지 한다. 겉으로 표현함으로써 속에 쌓여 있는 부정적인 감정의 증기를 밖으로 뿜어내 준다는 것이다. 그러나 이러한 카타르시스적인 유익은 종종 다른 사람에게도 부정적인 감정을 옮긴 후에야 얻어진다. 특히 아주 가까운 사람들에게 말이다.

설혹 도움이 된다 해도 부정적인 감정을 폭발해 버리는 식의 해결책은 그 효과가 일시적일 뿐이다. 그렇게 내보내 봤자 부정적인 감정은 새로운 사건이 생길 때마다 또 고개를 쳐들 것이기 때문이다. 부정적인 감정의 진짜 근원이 뭔지는 찾지도 못한 채 중요한 인간관계만 손상되는 것이다. 만약 당신이 꼭 부정적인 감정을 분출해야겠다면 일기장에 글을 쓰면서 쏟아 내라. 이런 식으로 증기를 뿜어내듯 감정을 분출한다면 아무에게도 상처를 주거나 악영향을 끼치지 않을 것이다.

실제로 감정을 분출하면 마음이 편해지기도 한다. 일단 감정을 분출하면 부정적인 생각도 내보내게 되며 거기서 만족을 느끼게 된다. 그러나 감정 분출이 생각을 내보내는 데 반드시 필요한 것일까? 감정 분출이라는 드라마를 피해 갈 수는 없는 걸까? 아마도 감정 분출은 부정적인 생각들을 내던져 버리는 데 도움이 되다 보니 자주 애용하게 되고, 단지 이러한 반복 학습을 통해 체득한 것일 수 있다. 그렇다면 그런 연결고리를 처음부터 끊어 버릴 수는 없을까?

우리는 속으로 '감정 분출은 별 가치가 없어'라고 말할 수도 있고, '이건 나 혼자 처리해야 할 문제야'라고 말할 수도 있고,

또는 상대방을 그냥 한번 봐줄 수도 있다.

우리가 화를 분출하고는 얼마 지나지 않아 화가 났던 생각을 떨칠 수 있다면, 아예 처음부터 부정적 생각을 내보내 버리고 좀 더 편한 마음을 가지면서 인간관계의 손상을 피하는 것은 어떨까? 이것은 고려해 볼 만한 가치가 있다. 여기서 필요한 건 좀 더 냉정하게 미리 조심하는 것과 자기 절제 훈련을 첨가하는 것이 전부다. 그리고 이것을 개인적인 모드로 사전에 설정해 놓는 것이다. 부정적인 생각을 떨쳐 버리면 감정적인 폭발을 미연에 방지할 수 있다. 정말 좋지 않은가?

## 4:8 원리 실행하기 ··············

### 생각연습하기 26

부정적인 감정이 퉁퉁 불은 상태로 변형되기 전에 그 감정들을 '내보내 버리는 방법'이 가진 장점과 단점의 무게를 달아 보자. 왼쪽 칸에는 부정적인 감정에 계속 머무는 이유 또는 감정을 폭발시키는 이유를 열거해 보라. 오른쪽 칸에는 부정적인 감정들이 폭발하기 전에 미리 그런 감정을 내보내야 하는 이유를 열거해 보라. 아래에는 앞으로 부정적인 감정을 다룰 때 당신에게 잘 맞을 것 같은 방법들을 써 보라.

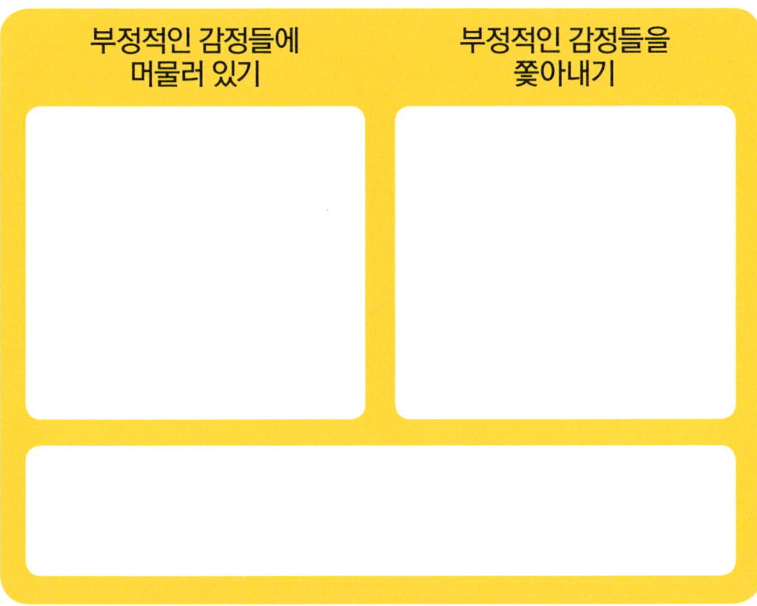

### 한 발짝 깊이 들어가기

'부정적인 생각을 떨쳐 버리는 것'은 어떻게 하는 것인지 리허설해 보라. 이런 식으로 시각화를 해 보면 건강한 습관이 자리 잡는 데 도움이 될 것이다. 몇 차례에 걸쳐 호흡을 깊이 들이킴으로써 긴장을 풀고 편안한 마음을 가져 보라. 그러고 난 뒤 기분이 안 좋아지는 시나리오를 상상해 보라. 그러다가 습관적으로 해 왔던 것처럼 그 상황을 부정적으로 부채질하는 대신 짜증나게 하는 생각들을 단순히 마음에서 내보내라. 짜증나는 생각에 휘말리지 말고 원래 하던 일로 돌아와 다시 그 일을 계속하는 자신의 모습을 상상하라. 당신이 느낀 그 감정이 잘못되어서가 아니라 그 상황이 더 악화되지 않도록 막기 위해 부정적인 생각을 내보내야 한다. 원래 하던 일로 돌아갔을 때 당신은 먼지가 가라앉을 때처럼 차분하게 행동할 수 있고 평상심을 유지할 수 있을 것이다.

 **마음에 새기기(쪽지에 써 붙이자)**

 **오늘의 기도**

하나님 아버지, 즐거운 생각이 주는 놀라운 영향력에 감사합니다. 오늘 나의 기쁨을 위협하는 생각들을 마음에서 쉽게 내보낼 수 있도록 도와주세요.

# 큰 문제 앞에서도
# 절대 겁먹지 마라

### ─산을 정복하는 기쁨

고난에는 엄청나게 긍정적인 힘이 숨어 있다. 당신이 그렇게 믿을 수 있다면 그것은 대단한 일이다. 그건 사실이다. 고난은 우리의 성품을 빚는다. 야고보가 신약성경에서 우리에게 "내 형제들아 너희가 여러 가지 시험을 당하거든 온전히 기쁘게 여기라 이는 너희 믿음의 시련이 인내를 만들어 내는 줄 너희가 앎이라"(약 1:2-3)라고 말한 것처럼 말이다. 시련을 피하려고 하는 것은 마치 삶을 피하려는 것과 같다. 어떻게 해서든 시련을 잘 피해 왔다면 대신 제대로 된 삶은 살지 못한 것이다.

비록 인생에서 큰 시련이 오더라도 하나님의 도우심으로 스트레스를 안 받고 크게 화를 내지 않을 수도 있다. 그러나 그렇게 하기 위해서는 약간의 연습이 필요하다. 연습을 하면 인생에서 피할 수 없는 시련을 당하는 중에도 기쁨을 유지할 수 있다. 인생의 어려움이 닥칠 때 그 어려움이 어떤 것이든 좀 더 조용하고 차분하게 그리고 훨씬 더 바람직하게 반응할 수 있다.

우리는 누구나 슬럼프에 빠질 수 있고, 후퇴할 수도 있으며, 인생의 광야에서 보내는 시절을 겪을 수 있다(만약 아직 경험해 보지 못했다면 앞으로 경험할 것이다). 인생을 살면서 겪게 되는 이런저런 일들 앞에서 내 능력으로는 도저히 어떻게 해 볼 수 없는 한계를 느낄 때 우리에게 부정적인 스트레스가 쌓인다. 그것은 마치 미친 듯이 빨리 그리고 제멋대로 달리는 핸들 없는 자동차에 타고 있는 것과 같다. 또한 우리는 성경적인 원리와 상반되게 살 때 스트레스를 경험한다. 무엇보다 하나님의 임재를 느끼지 못하거나 또는 하나님의 뜻에 따르지 않을 때 스트레스를 받는다.

그러나 고난이 없다면 좋은 시절에 대한 감사도 없을 것이다. 시련과 역경을 빼 버린다면 승리가 과연 무슨 의미일까? 그런데 우리는 역경이 다가올 때 그 역경을 피하는 데 너무 많은 에너지를 써 버려서 막상 그 역경을 창조적으로 헤쳐 나갈 기력은 바닥나 버릴 때가 많다. 그러나 마치 운동을 하면 근육이 발달되는 것처럼 역경은 사람을 성숙하게 한다. 운동할 때와 역경을 겪을 때는 둘 다 힘들지만, 둘 다 좋은 열매를 맺는다.

근력을 강화시키는 운동은 신진대사를 촉진시켜서 몸을 균형 있게 해 주고 또 기분도 훨씬 좋아지게 해 준다. 이처럼 역경은 우리를 더욱 강하게 하며 힘든 일을 만나거나 각종 트라우마를 만났을 때 더 강한 회복력을 갖게 해 준다. 신체적인 근육이 저항을 만났을 때 더욱 강해지듯이 우리의 마음, 정신, 성품의 근육도 마찬가지다.

연단된 성품은 역경을 통해 다져진다. 물론 역경을 만난다고 해서 저절로 강한 내면이 만들어지는 것은 아니다. 모든 것은 삶의 여러 가지 상황에 우리가 어떻게 반응하기로 마음먹느냐에 달려 있다. 역경과의 씨름과 그로 인한 잠정적인 후퇴는 우리의 속사람을 아주 놀랍게 빚어 줄 수도 있고 또는 전혀 변화시키지 못할 수도 있다. 내적인 성숙은 인생의 어려움에 어떻게 반응하느냐 그리고 그것을 통해 무엇을 배우느냐와 관련이 있다. 제임스 알렌은 "외적인 상황들은 생각이라는 내적 세계의 형태를 만든다. 그리고 좋은 상황이든 안 좋은 상황이든 인생의 모든 상황은 결국 사람에게 유익을 주는 요인이다. 사람은 스스로 지은 농사를 추수하는 자로서 고난과 행복, 이 둘 다를 통해 배운다"라고 설명했다(《*The Wisdom of James Allen*》, 1997).

기쁨을 유지하려면 인간의 본성이 가진 우울한 기질을 줄여야 하는데, 이를 위해서는 해야 할 것들이 많다. 성품의 결함은 마치 튼튼해야 할 구조물의 기초에 균열이 나 있는 것과 같다. 그러한 균열은 별것 아닌 듯해도 시간이 지나면 감당 못할 큰 손상을 가져온다. 다시 말하면 가치를 양보하면 할수록 가치 기준을 뒤로 물려야 할 것이다.

우리의 성품은 우리의 본질이다. 그것은 우리의 생각, 습관, 모든 미덕과 악덕의 총체다. 그렇다고 해서 성품이 우리 DNA의 일부는 아니다. 그것은 우리가 인생을 살아가면서 내린 선택과 결정을 통해 형성되는 것이다. 헬렌 켈러는 "성품은 쉽고 평탄하게 형성되지 않는다. 오직 시련과 역경을 통해서만이 영혼은 강해지고, 비전은 명확해지고, 야망이 영감을 얻으며, 성공에 이르게 된다"라고 말했다.

우리는 불을 건너가 보지 않고서는 자신이 어떤 사람인지 절대로 알 수 없다. 오렌지를 갈아서 사과 주스를 얻을 수 없는 것처럼 스트레스를 받을 때 사람들의 본연의 모습이 나올 수밖에 없다. 어려움을 당할 때 그 문제에 어떻게 반응하는지 면밀히 살펴보라. 당신의 반응은 당신의 성품에 대해 어떻게 말해 주는가?

시련은 그 크기와 모양이 천차만별이다. 그리고 시련에는 실패, 비극, 어려움, 장애, 후퇴, 위기, 고생 등 여러 가지 이름이 있다. 우리가 시련에 어떤 명칭을 붙이든지 시련은 우리를 봐주지 않는다. 시련은 우리의 사업, 부부 관계, 건강, 가족, 그 외에 인생에 어떤 영역이든 할퀴고 상처를 남긴다. 괴테에 의하면 "성품은 인생이라는 강을 따라 흘러가면서 형성된다."

지금 당신이 고민하고 있는 문제가 당신에게 연단이 필요한 바로 그 부분과 관련이 있는 것은 아닌지, 그래서 좀 더 잘 준비되어 하나님을 섬기도록 하기 위한 훈련은 아닌지 생각해 보라. 시련을 극복하는 과정에서 배울 수 있는 좋은 교훈이나 지혜나 기회나 또는 보이는 것과는 180도 다른, 아주 생산적이고 가치 있는 축복이 있는지 살펴보라.

당신은 어떤 식으로 역경에 대처하는가? 당신은 과거 인생의 어려움과 불운을 어떻게 극복했는가? 당신은 불같은 비난을 받고 스트레스로 인해 머리가 깨지는 것 같은 상황에 있을 때 어떻게 하는가? 역경의 근원이 무엇이든지 간에 하나님은 지금 당신이 고민하는 문제보다 더 크고 강하고 포기하지 않으신다는 것을 믿을 때 역경은 유익으로 바뀐다.

당신은 시련 속에 담긴 보화를 발견할 것이다. 그러나 그것을 찾아내려면 자신을 훈련해야 한다! 물론 견디기 힘든 시간이 될 것이다. 시련은 당신을 쓰러트리거나 또는 더욱 견고하게 만들 것이다. 발명가 알렉산더 그레이엄 벨은 "문 하나가 닫히면 다른 문이 열린다. 그러나 우리는 닫힌 문만 보면서 후회하느라 바로 앞에 열려 있는 다른 문을 보지 못한다"라고 말했다. 하나님이 함께해 주실 때 당신은 어려운 상황도 오히려 유익으로 바꾸고 하나님의 영광을 드러낼 기회로 바꾸는 능력을 얻게 될 것이다. 그것을 인정하라. 큰 문제 앞에서도 절대로 겁먹지 마라!

# 4:8 원리 실행하기

### 생각연습하기 27

당신이 겪은 대표적인 역경 세 가지와 그것들을 통해 그 당시에 또는
그 후에 당신이 배운 것을 써 보라. 아래 칸에는 역경의 의미와 역경을
지혜롭고 은혜롭게 극복할 수 있는 방법에 관해 청소년에게 해 주고
싶은 조언을 적어 보라.

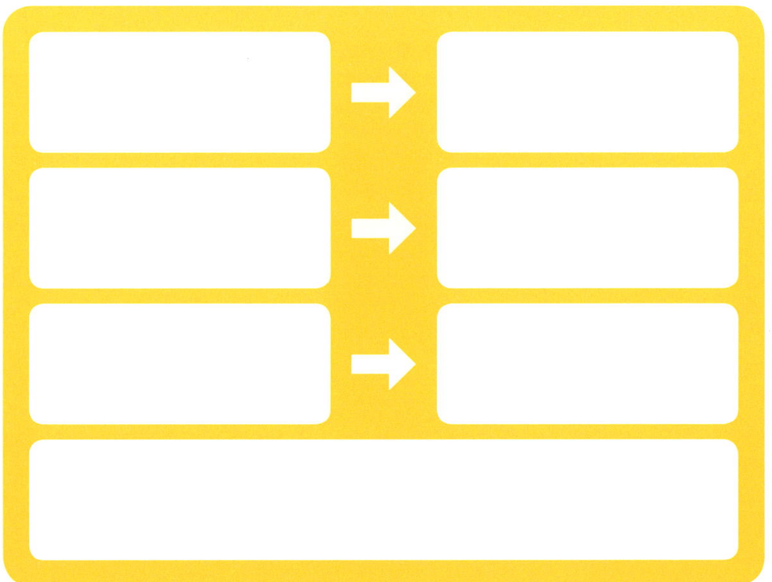

### 한 발짝 깊이 들어가기

미래의 역경을 극복하기 위한 전략을 작성해 보라. 두려운 문제들로
인해 마음이 위축될 때 가장 먼저 무엇을 할 것인가? 그 다음 단계로

할 것은 무엇인가? 당신은 속으로 어떤 질문을 할 것인가? 누구를 상담 대상으로 삼을 것인가? 일단 계획이 세워지면 전략을 적은 종이를 다른 곳에 치워 두라. 머리와 마음으로 하는 단계는 이제 끝이다.

## 마음에 새기기(쪽지에 써 붙이자)

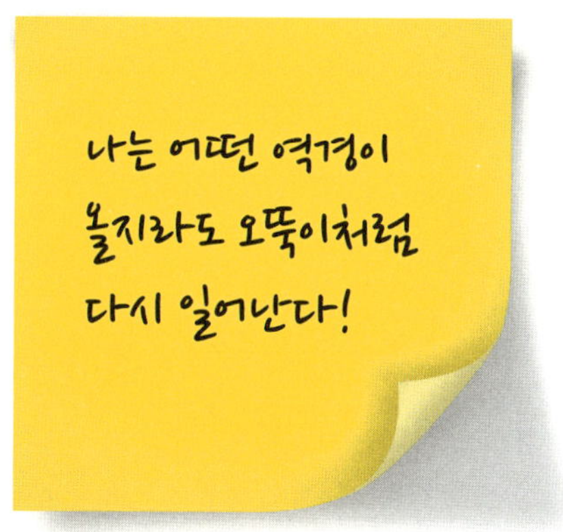

## 오늘의 기도

주님, 나와 함께해 주셔서 감사합니다. 특히 역경의 때에 함께해 주셔서 감사합니다. 오늘 승리와 역경, 이 두 가지를 통해 하나님께서 내게 무엇을 훈련시키시는지 어떻게 성장하기를 원하는지 알려 주세요.

# DAY 28

# 엄청난 파괴력을 가진 말
## ─말하기 생활의 기쁨

**말**만큼 우리의 행복을 방해하는 요소는 없다. 말은 우리 삶에 큰 해를 입힐 수 있다. 성경은 어떻게 말하느냐에 따라 기쁨이 더 커질 수도 있고 줄어들 수도 있다고 분명하게 말한다. 잠언 18장 21절에서는 "죽고 사는 것이 혀의 힘에 달렸나니"라고 말한다. 사람이 자신에게 하는 말로 사기를 올릴 수도 있고 떨어뜨릴 수도 있다. 동기를 부여해 줄 수도 있고 위축시킬 수도 있다. 기쁨을 생산할 수도 있고 기쁨을 쫓아 버릴 수도 있다. 에베소서 4장 29절에서 바울은 "무릇 더러운 말은 너희 입 밖에도 내지 말고 오직 덕을 세우는 데 소용되는 대로 선한 말을 하여 듣는 자들에게 은혜를 끼치게 하라"라고 하였다.

이 조언을 무시하고 대부분의 사람들은 일상에서 불건전하고 본이 안 되는 말을 하고, 자기가 존중하는 친구에게는 절대로 하지 않을 4:8 원칙에 반하는 말을 자신에게는 스스럼없이 한다. 아래는 그에 대한 몇 가지 예다.

1. 나는 절대로 다시 행복해질 수 없을 거야.

2. 우리는 그냥 서로 멀어지고 있어.

3. 나는 내 외모가 싫어.

4. 그 사람이 어떻게 나를 용서할 수가 있겠어?

5. 나는 시간도 돈도 없어서 그걸 할 수가 없어.

6. 우리의 신혼은 이제 공식적으로 끝났어.

7. 내 에너지는 다 어디로 간 거야?

8. 나는 창조적이지 않아.

당신은 이런 아무 쓸모없는 말을 자기 자신에게 하거나 또는 다른 사람이 스스로 하는 것을 들어본 적이 있는가? 그런 식으로 부주의하게 말할 때 기쁨을 잃을 수가 있다.

자신은 이미 큰 잠재력에 도달한 것처럼 스스로에게 말하라. 자신에 대해 자신감을 가지고 말하라. 마치 하나님이 당신에게 놀라운 미래를 보장해 준 것처럼 말이다. 사실이 그렇지 않은가! 자신에게 존중심을 가진 격려를 아끼지 않는 친구가 되어

라. 다른 사람들을 높여 주고 또 자신의 기쁨을 더 크게 해 주는 말을 하라. 사랑과 마찬가지로 기쁨도 주면 줄수록 자신도 기쁨을 누릴 수 있다.

마음을 훈련하기 위해 입을 다스리길 권한다. 함부로 말하면 마음에 혼란이 일어난다. 우리가 하는 말은 내면의 생각을 반영하기도 하고 동시에 그 생각을 더욱 강화하기도 한다. 부주의한 말들은 우리의 기쁨을 망친다. 믿음이 있는 말은 기쁨에 붓는 연료와 같다.

목에 마이크를 걸고 있다고 상상해 보라. 그리고 오늘 당신이 자신에게 하는 모든 말이 다 녹음되어서 내일 전국적으로 텔레비전으로 방영된다고 상상해 보라. 게다가 그 말한 내용이 페이스북에 전부 포스팅되고 계속 트윗이 될 거라고 해 보라. 당신의 말은 현재의 문제를 드러내는 것과 미래의 희망을 이야기하는 것 중 어디에 가까울 것 같은가? 당신의 말은 하나님을 믿는 믿음을 드러내고 있는가? 많은 사람들이 기도해 놓고는 막상 기도한 문제에 대해서 그 기도가 응답받지 않을 것처럼 말한다. 기도와 기도 후에 하는 말이 상반된다. 기도하고 난 후에도 문제가 계속될 거라 하나님이 응답이라도 하신 것처럼 두려움과 염려의 말을 계속 쏟아 놓는다.

당신은 어떤가? 어제 했던 모든 말들이 녹음되어 있다고 상상해 보라. 당신은 그것이 세상에 좋은 본이 되었다며 기뻐할 수 있을까? 당신이 했던 말로 좀 더 많은 사람들을 주님께로 이끌 수 있을까? 아니면 그 반대인가?

실제로 마이크가 있는 것은 아니지만 당신의 말은 잠재의식 속에 녹화되며 때가 되면 저절로 재생된다. 그리고 그런 식으로 미래의 결정과 인식에 영향을 미칠 것이다.

자신의 한계를 입으로 이야기할 때 당신은 그 한계에 계속 머무르게 될 것이다. 그러므로 자신과 대화하는 방식을 바꾸는 것은 자신에 대한 인식을 바꾸는 것이다. 오늘 당신이 사용하는 말은 내일 당신이 경험하게 될 세계를 창조해낸다. 어디에 비중을 두고 말하느냐에 따라 그것은 큰 문젯거리가 될 수도 있고 오히려 큰 기회가 될 수도 있다.

자신이 어떤 식으로 말하는지 인식하라. 어떤 사람이 당신에게 어떻게 지내냐고 물어볼 때 당신은 뭐라고 대답하는가? "그냥저냥 지내요" 아니면 "별일 없이 지내요"라는 판에 박힌 말을 하는가? 그런 질문들을 받을 때 항상 그 순간을 당신의 기쁨을 드러내는 기회로 삼으면 어떨까? "나는 요즘 너무 잘 지내고 있어요!" 또는 "정말 최고예요. 감사합니다" 또는 "아주 좋습니다"라고 대답해 보라.

그 이유가 뭐냐고? 첫째, 아주 기본적인 생활의 필요도 해결하지 못해서 고생하는 사람들이 이 세상에 십억 명은 될 것이다. 그게 아니라면 최소한 백만 명은 될 것이다. 그런 사람들과 비교해 보면 당신은 아주 잘 지내고 있는 것이다. 둘째, 당신의 답은 당신의 무의식에 명령하는 기능을 수행한다. 만약 당신이 그저 그런 날을 원한다면 "그냥저냥 지내요"라고 답하라. 그러나 만약 뭔가를 좀 더 원한다면 그런 지루하고 기쁨을 죽이는 답은 피하라. 기억하라. 기쁨의 잠재력은 당신 안에 있지만 그것을 표출하느냐 않느냐는 당신에게 달려 있다는 것을.

마음에 추구하는 것만 말하면서 오늘을 시작하라. 마치 당신이 하나님이 원하시는 사람이 이미 된 것처럼 그리고 당신이 꿈꾸는 삶을 이미 살고 있는 것처럼 말이다. 마치 응답을 받은 것처럼 말하라. 이제는 자신에 대해 묘사하거나 말할 때 당신이 원하지 않는 그런 사람으로 자신을 표현함으로써 더 이상 과거에 매이지 마라. 자신의 실수나 두려움에 대해 반복적으로 말하기를 피하라. 이사야 43장 18-19절, "너희는 이전 일을 기억하지 말며 옛날 일을 생각하지 말라 보라 내가 새 일을 행하리니 이제 나타낼 것이라 너희가 그것을 알지 못하겠느냐 반드시 내가 광야에 길을 사막에 강을 내리니" 이 말씀을 잠시 묵상해 보자.

당신이 가장 자주 생각하는 것이 무엇인지 민감하게 살피라. 자기 자신과 다른 사람들에게 어떻게 말하는지는 당신의 생각의 질이 어떤지 알려 주는 아주 큰 단서가 된다.

왕의 자녀는 최고로 좋은 것을 가질 수 있음을 잊지 마라. 하나님은 당신이 잘되기를 바라며 모든 좋은 것을 갖기 원하신다.

아무 유익이 없는 쓸데없는 말로 하나님의 부요하심과 자비로 우심을 차단하지 마라. 자신을 비하하는 모든 말과 표현을 긍정적으로 바꾸라. 그리고 거의 모든 상황에 4:8 원리를 사용하는 것을 연습하라.

## 4:8 원리 실행하기

### 생각연습하기 28

다른 사람들이 우리 내면을 쓰레기로 가득 채우는 것도 문제지만 더 심각한 문제는 우리 스스로 독성 있는 생각들을 자신에게 먹이는 것이다. 오늘은 자신에게 했던 한계적이고 비판적인 말들 네 개를 써 보라. 오른쪽 칸에는 그런 말들에 반대가 되는 긍정적인 것들을 써 보라. 그런 후에 어떤 것이 더 진리에 가까운지 드러내 보여 주시기를 구하라.

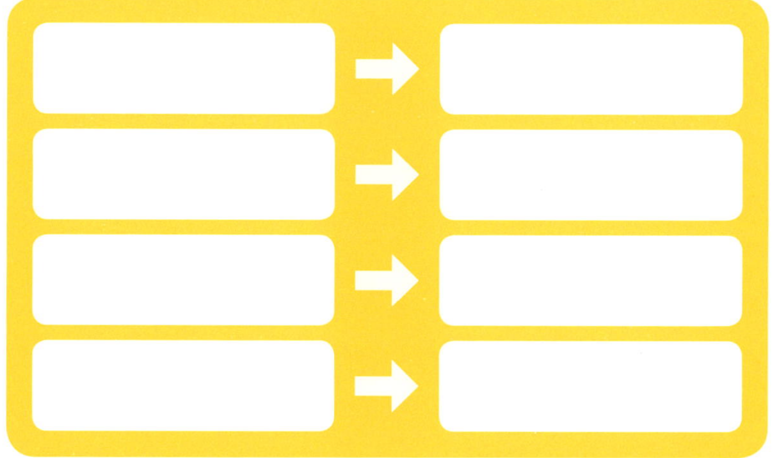

 **한 발짝 깊이 들어가기**

하나님 뜻에 맞지 않는 말을 하거나 부정적인 말을 할 때 그것을 지적해 달라고 친한 친구나 가족 중 한 명에게 부탁하라. 그 피드백에 근거해서 당신이 말할 때 어떤 식으로 하는 경향이 있는지 써 보라. 이렇게 깨어 있으면 생각과 말을 훨씬 더 효과적으로 훈련할 수 있다.

 **마음에 새기기(쪽지에 써 붙이자)**

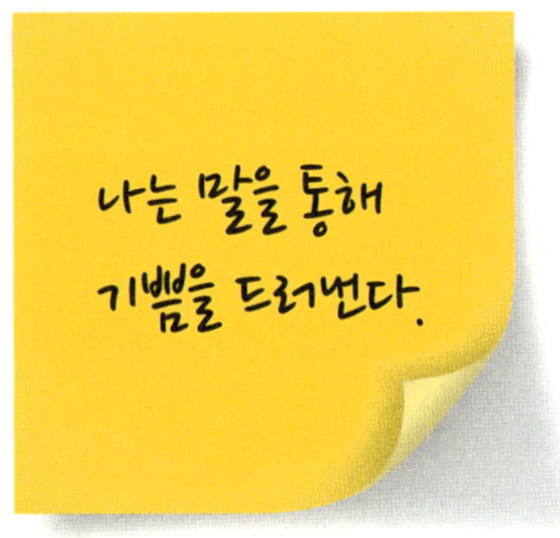

 **오늘의 기도**

하나님, 삶을 이야기하고 또 기쁨을 퍼트릴 수 있는 힘을 주셔서 감사합니다. 오늘 나의 기도와 말이 일치할 수 있게 도와주세요.

# 함께 기뻐하라!
## −다른 사람들이 성공하는 기쁨

당신의 성공은 다른 사람들에게도 복이다. 이와 마찬가지로 다른 사람들의 성공은 당신에게도 복이다. 이것은 하나님의 놀랍고 완벽한 디자인의 일부다! 우리가 자녀들이 성공하기 바라는 것처럼 하나님은 우리가 성공하기를 바라며 성공의 올바른 정의를 제시해 주셨다. 하나님은 우리가 잠재력을 발휘하길 원하시며 아주 놀라운 방법으로 세상에 공헌하기를 원하신다.

당신과 나, 그리고 우리 모두는 다른 사람들을 밀쳐 내거나 상처를 주거나 나락으로 떨어지게 하지 않고도 얼마든지 성공할 수 있다. 하나님은 우리가 다른 사람의 희생을 대가로 유익을 얻도록 창조하지 않으셨다. 지혜로우시고 사랑이 많으신 하나님 아버지가 우리 중 한 사람이 유익을 얻으면 다른 사람이 손해를 보게끔 세상을 디자인했다고 꿈에라도 상상할 수 있는가?

사실 우리 모두는 다른 사람들을 이용하거나 속이지 않고도 잠재력을 발휘할 수 있다. 하나님의 성공 시스템에는 모든 사람들이 빛을 발할 수 있는 충분한 여지가 있다. 이 우주를 창조하신 유일한 분이기 때문에 그런 완벽한 시스템을 만드실 수 있었다! 그렇다! 우리의 성공은 진실로 다른 사람들에게 복이다.


성공은 하나님의 갈망을 우리의 갈망으로 삼는 과정이며, 그것은 오늘 하루 좀 더 하나님이 바라는 모습이 되는 것이다. 우리는 다른 사람들을 짓밟아서 성공하는 것이 아니라 다른 사람들을 섬김으로써 성공한다. 섬김은 나누기가 아니라 곱하기다. 왜냐하면 성공은 오늘의 순환을 반복하면서 점점 더 커지기 때문이다. 진정한 성공은 씨를 처음으로 심은, 그리고 그 과정에 처음 시동을 건 용기 있는 소수의 사람들을 뛰어넘어 더 많은 사람을 유익하게 하기 위해 노력을 쏟아붓는 것이다.

예를 들어 기업가 한 사람의 재정적인 성공이 어떻게 많은 사람들에게 복을 주는지 살펴보자. 한 기업가가 자기를 포함해서 두 개의 일자리를 만들었다. 그 직원이 급여로 받은 돈을 집을 계약하는 계약금으로 썼다. 그렇게 해서 기업가가 차린 사무실

210

과 직원이 계약한 집을 통해 두 명의 부동산 중개업자가 중개료를 받게 된다. 그 중에 한 중개업자가 재정적으로 좀 규모 있게 생활하고 마음의 부담을 덜기 위해 신용카드 빚을 갚았다. 다른 중개업자는 남편과 함께 오래전부터 계획했던 하와이로 휴가를 떠났다.

하와이 여행을 가느라 비행기 표를 끊었고 호텔, 레스토랑, 렌터카, 그 외에 볼거리나 먹을거리 등에 돈을 지출했다. 이외에도 부부가 여행을 위해 집을 떠나는 동안 혼자 남은 자녀도 용돈을 넉넉히 받을 수 있었다. 용돈이 넉넉해진 아들은 여자 친구와 함께 맛있는 저녁을 먹었는데 그로 인해 식당 주인이 돈을 벌고 식당 종업원이 팁을 벌었다.

그 식당 주인은 가족들과 시간을 좀 더 보내고 싶고 잘되고 있는 그 식당에 좀 더 투자하고 싶어서 그 소년과 여자 친구로 인해 번 돈과 다른 손님들에게서 번 돈으로 매니저를 고용했다. 식당 종업원은 받은 팁으로 집으로 돌아가는 길에 차에 주유를 했고 아내에 줄 꽃을 샀다. 아내가 유익을 얻었고, 주유소 사장이 유익을 얻었으며, 정유회사가 유익을 얻었고, 이로 인해 발생한 세금을 받는 주정부와 지방정부가 유익을 얻었으며, 이런 식으로 꼬리에 꼬리를 물고 유익을 얻는 과정이 진행된다.

이러한 성공의 물줄기는 비즈니스 세계뿐만 아니라 모든 삶의 걸음걸음마다 영구적으로 반복된다. 학교 교사와 사역자에서부터 군하사관과 영업사원에 이르기까지 우리 모두가 다른 사람들을 탁월하게 섬길 때 축복의 물결이 멀리 그리고 넓게 펴진다. 당신이 일하는 곳에서는 이러한 힘이 어떻게 드러나는가?

하나님은 우리가 성공하기를 원하실 뿐만 아니라 우리의 형제자매가 성공할 때 박수치며 축하해 주기를 원하신다. 나는 우리 아이에게 다른 사람의 성공에 감사하도록 가르친다. 내가 그 사람을 좋아하든 좋아하지 않든 말이다.

우리는 신 포도와 여우의 예화를 잘 안다. 자신이 가지지 못할 것에 대해서는 가치를 평가절하하는 것이다. 오늘날 신 포도와 같은 태도로 다른 사람들을 깎아내리는 사람들이 너무 많다. 그들은 다른 사람들이 속임수를 써서, 운이 좋아서, 또는 얄팍한 꼼수로 성공했다고 말하며 그들의 성공을 축소시킨다. 그러나 이런 악의는 분노의 대상으로 삼은 사람에게 상처를 거의 입히지 못하며 오히려 분노를 품은 당사자야말로 같은 인간으로서 축복하면서 느낄 수 있는 기쁨을 누리지 못하고, 자신에게 상처를 입힐 뿐이다. 그런 함정에 빠지지 마라.

다른 사람이 성공할 때 승진할 때 최고의 상을 받을 때 진심으로 기뻐하려고 노력하라. 다른 사람의 행운이나 열심히 노력해서 얻은 성공을 함께 기뻐하라. 마치 당신이 그 사람인 것처럼 기뻐하라. 그래야 당신은 당당히 싸울 수 있을 뿐만 아니라 더 큰 기쁨을 누릴 수 있다. 친구에게 지인에게 개인적으로 잘 모르는 사람이라도 그들이 뭔가 가치 있는 것을 이뤄 냈을 때 문자, 이메일, 손으로 직접 쓴 축하 메모를 보내라.

만약 당신이 하나님의 사랑 안에 거한다면 하나님에게 당신을 위한 계획이 있다는 것을 알 것이다. 그렇기 때문에 당신은 다른 사람들의 재능 또는 성공에 위축되거나 불안해하지 않을 것이다. 하나님이 다른 사람을 통해서 하시는 일에 박수를 쳐 주라. 왜냐하면 하나님이 그들을 통해 이루시는 것이 무엇이든지 간에 하나님은 당신을 통해서도 그 계획하신 바를 이루실 것이기 때문이다.

다른 사람이 성공할 때 그들에 대해 긍정적으로 생각하고 긍정적으로 말하라. 그러면 그런 축복이 당신에게서 흘러나오게 될 것이다. 만약 당신이 내일 더 큰 재정적인 보상을 받고 싶다면 오늘 이미 그런 성공을 누리고 있는 사람들을 인정하라. 그들이 어떻게 생각하고 어떻게 돈을 벌고 어떻게 투자하고 어떻게 절약하고 어떻게 돈을 쓰는지, 그리고 당신과는 어떻게 다르게 행동하는지 유심히 살피라. 그들의 성공이 남긴 교훈을 잘 살피라.

당신이 가고 싶어 하던 자리로 승진한 다른 사람을 보면 정말 기분이 안 좋을 수가 있다. 물론 어렵겠지만 그래도 그 사람의 성공을 하나님께 감사하라. 이것을 연습하면(나는 이것을 연습이라고 했다. 왜냐하면 이런 것은 자연스럽게 되는 것이 아니기 때문이다) 기쁨을 누릴 수 있을 뿐만 아니라 당신의 삶의 태도가 올바로 잡힐 것이다. 이러한 연습은 당신이 뚫고 나가려고 기도하고 있는 문제가 있다면 그것을 좀 더 수용하는 태도를 취하도록 도와준다.

시기심과 질투심을 극복하기 위해 당신이 할 수 있는 최선의 방법 중 한 가지는 당신이 받고 싶어 하는 축복을 다른 사람들도 받도록 기도해 주는 것이다. 그것은 궁극적으로 황금률을 적용하는 것이다.

만약 당신이 더 긴밀한 부부 관계를 원한다면 주변 사람들 중에 긴밀한 부부 관계를 갈망하는 사람들을 위해 온 마음을 다해 기도해 주라. 당신이 갈망하는 그런 관계를 누리고 있는 부부를 보면 그로 인해 하나님께 감사하고 하나님에게 계속 그들을 축복해 달라고 기도하라. 그들의 부부 관계가 하나님을 영화롭게 하게 해 달라고 그리고 당신의 부부 관계도 그렇게 되게 해 달라고 기도하라. 만약 이도저도 내키지 않는다면 자신의 기쁨을 위해서라도 시기심과 질투심에서 벗어나 자유하게 해 달라고 구하라.


우리가 아는 사람들 중에는 항상 우리보다 뭔가를 더 가진 사람들이 있기 마련이다. 그것이 외모든 교육이든 집이든 사회적 지위든 재능이든 경력이든 부부 관계든지 말이다. 당신이 갈망하는 것을 다른 사람이 누리고 있는 것을 보면, 볼 때마다 사랑하고 감사하고 인정하라. 이런 긍정적인 생각은 꿈을 좇아 사는 것을 방해하는 모든 내적 저항을 내보내도록 정신적인 스위치를 켜는 것과 같다.

하나님은 우리 모두를 동일하게 사랑하시며 이것이 하나님이 우리를 하나님의 형상으로 창조하신 이유다. 획일성은 하나님의 계획에 포함되어 있지 않다. 우리에게는 서로 다른 역할과 서로 다른 사명이 있다. 그리고 하나님은 아마도 우리가 물질적으로 평등한 것보다 영적으로 평등한 것에 더 큰 관심이 있지 않을까 생각한다.

우리가 우리를 향한 창조 목적을 향해 한걸음 한걸음 다가갈 때 하나님은 그 과정에 필요한 것을 공급해 주실 것이다.

기억하라. 당신의 성공은 다른 사람들에게 복이다.

# 4:8 원리 실행하기

### 생각연습하기 29

성공한 사람들 세 명을 찾아보라. 그들 각각에 대해 당신이 감사하고 인정하는 것과 그 사람들이 이뤄 낸 결과들이 무엇인지 써 보라. 세 번째 칸에는 그들의 성공을 통해 직접 또는 간접적으로 유익을 얻은 사람들을 써 보라.

| 성공한 사람들 | 이뤄 낸 결과 | 유익을 얻은 사람들 |
| --- | --- | --- |
|  |  |  |
|  |  |  |
|  |  |  |

 **한 발짝 깊이 들어가기**

당신의 야망과 비슷한 야망을 가진 사람을 두세 사람 찾아보고 남은 11일 동안 그들의 성공을 위해 기도하는 데 힘쓰라. 친구나 가족들과 함께 '나의 성공이 다른 사람들에게 복이다' 라는 사실을 나누어 보라.

 **마음에 새기기(쪽지에 써 붙이자)**

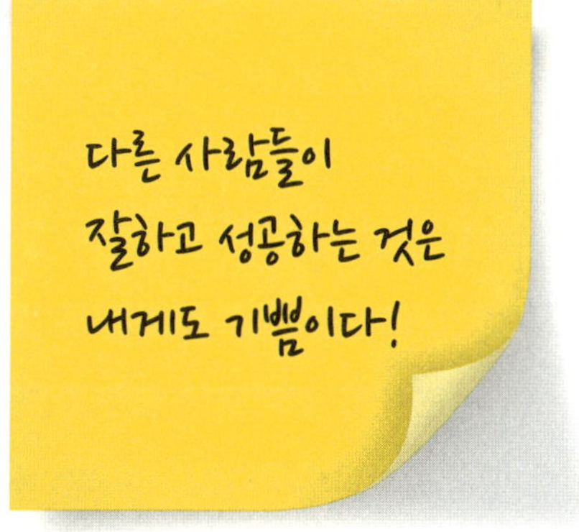

 **오늘의 기도**

하나님 아버지, 다른 사람의 성공이 나에게 주는 영감과 나에게 끼치는 축복에 감사합니다. 오늘 내가 다른 사람들이 해낸 위대한 일들에 박수갈채를 보내도록 도와주세요!

# 하나님의 **선하심**을 **인정**하기

## −진리를 말하는 기쁨

**제**멋대로인 어린아이와 레고블록을 할 때만큼 인간의 본성이 얼마나 엎치락뒤치락하는지 잘 보여 주는 것은 없을 것이다. 아들 메이슨이 세 살 쯤 되었을 때 우리는 함께 레고블록으로 이런저런 것들을 조립하면서 많은 시간을 보냈다. 메이슨은 특히 레고로 탑을 쌓는 것을 좋아했다. 그날도 나와 메이슨은 레고블록을 가지고 놀았고 메이슨은 내가 레고블록을 쌓아 올리는 것을 옆에서 지켜보았다.

레고블록이 형태를 잡아 갈 때 쯤 나는 메이슨을 힐끗 쳐다보았고 그때 아이의 눈에서 다소 짓궂은 표정을 읽어 낼 수 있었다. 그 순간 메이슨은 약 15분에 걸쳐 애써 만든 우리의 작품을 주먹 한 방으로 날려 버렸다. 물론 그 한 방은 우리가 만든 레고 타워를 여지없이 무너뜨렸다. 나와 메이슨은 그것을 보고 큰소리 내며 웃었다. 처음에 만든 작품을 부수고 난 뒤 몇 초도 안 돼서 메이슨은 그 레고블록들을 재빨리 모아서 두 번째 것을 만들기 시작했다. 그렇게 세우고 부수는 과정이 한동안 계속되었다.

우리의 영적인 성장과 발전은 이 아이같은 재미와 흡사한 것일 때가 많다. 우리는 목표를 향해서 크게 한걸음을 내딛는다. 그렇지만 파괴를 자초하여 그 모든 과정은 전부 무너지고 다시 처음부터 시작하게 된다. 건물해체용 크레인 철구에는 부정적인 생각, 두려움, 소홀함, 지연, 염려 등등 여러 가지가 있다. 그 철구가 가져오는 결과는 오직 한 가지, 바로 황폐화다. 이때 우리에게 정말 필요한 것은 우리의 방식에서 빠져나오는 것이다. 우리는 자신을 파괴시키는 것을 멈추고 자신을 세워야 한다. 우리가 취할 수 있는 아주 효과적인 방법 한 가지는 우리의 삶에 있는 여러 가지 선하고 좋은 것들을 인정하는 것이다.


인정하는 것은 우리의 성품, 성격, 태도를 세워 주는 기쁨 도구다. 그리고 실제로 이 땅에서 당신은 그런 존재다. '인정하기'를 전부 정신 비타민 또는 '생각 컨디셔너'로 여기라. 당신이 바라는 것, 기도하는 것이 이루어질 것이라고 마음에 인정함으로써 그것이 곧 이루어질 것을 더욱 믿을 수 있다. 당신이 사용하는 말들은 일단 씨앗처럼 세상을 빚어 가기 시작할 것이다. 솔로몬 왕은 "죽고 사는 것이 혀의 힘에 달렸나니 혀를 쓰기 좋아하는 자는 혀의 열매를 먹으리라"(잠 18:21)라고 했다. 당신이 깨닫든 깨닫지 못하든지 당신은 항상 뭔가를 인정하고 있다. 왜냐하면 당신은 항상 뭔가를 생각하고 있기 때문이다. 좀 더 정확하게 말하면 당신은 끊임없이 세우거나 아니면 파괴하고 있다.

핵심은 이것이다. 당신은 무엇을 인정하고 있는가? 당신은 하나님이 실제로 바로 옆에서 당신을 격려하고 있다고 인정하는가?

우리 중 대부분은 생각이 변덕스러울 정도로 이랬다저랬다 바뀐다. 우리는 처음에는 이것을 생각하다가 그 다음에는 저것을 생각함으로써 우리의 잠재력을 낮춘다. 다시 말하면 하나님의 은혜를 생각하다가도 이내 고백한 죄를 떠올리고는 죄의식을 느낀다. 하나님의 놀라운 능력을 생각하다가도 이내 별것 아닌 바이러스조차 퇴치할 방도가 없을 것 같다고 말한다. 우리는 하나님의 공급하심에 대해 생각하다가도 이내 고지서가 날아올 것에 대해 염려한다.

공항에서 택시를 타고는 운전사에게 시내로 가자고 말했다고 상상해 보라. 그리고 얼마 후 당신은 그에게 다시 공항으로 가 달라고 요청한다. 당신의 요청에 따라 그는 왔던 길을 다시 돌아간다. 그런데 당신이 또다시 시내로 가 달라고 한다. 만약 이런 일이 실제로 일어났다면 그 운전사는 당신에게 당장 차에서 내리라고 했을 것이다.

우리는 종종 그 운전사처럼 미친 듯이 왔던 길을 되돌아갔다가는 희망이 보이지 않아서 또다시 되돌아올 때가 많다. 이런 모순되는 생각들은 무엇을 시도하든지 원래 습관으로 다시 돌아가게 하며 거기에서 벗어나지 못하게 만든다. 외적인 행동을 바꾸려고 시도해 보라. 얼마 지나지 않아 우리는 내면에서 촉발되는 생각에 따라 원래대로 되돌아올 것이다. 그럴 필요가 없지 않은가?

하나님의 선하심을 인정할 때 하나님이 그의 자녀들에게 약속하신 사랑, 풍성함, 기쁨을 깨닫고 담대히 선포할 수 있다. 감기, 두통, 요통, 빚, 인생의 여러 문제와 같이 원하지 않는 것들은 뭐든지 인정하기를 거부하라. 그 대신 생각과 말로써 기쁨, 평화, 재미, 번영, 중요성, 탁월한 건강 등에 자신을 밀착시키라.

다른 사람들이 비관주의와 게으른 말로 당신의 마음을 전염시키지 않도록 하라. 좀 더 구체적으로 말하자면 자기 자신에게 하는 말이든지 다른 사람들에게 하는 말이든지 간에 당신이 속으로 갈망하는 것과 하나님이 주고자 하는 것들에 대해서만 말하라는 것이다. 우리는 하나님이 약속하신 것들을 성경에서 찾아볼 수 있다.

- 우리가 구하거나 생각하는 모든 것에 더 넘치도록 능히 하실 이 (엡 3:20)
- 여호와를 찾는 자는 모든 좋은 것에 부족함이 없으리로다 (시 34:10)
- 다른 어떤 피조물이라도 우리를 우리 주 그리스도 예수 안에 있는 하나님의 사랑에서 끊을 수 없으리라 (롬 8:38-39)
- 예수님은 우리와 항상 함께 계신다 (마 28:20)

이러한 것들을 인정할 때 우리는 믿음으로 말할 수 있고 의미 있는 말을 할 수 있다. 마태복음 12장 37절에서 예수님은 "네 말로 의롭다 함을 받고 네 말로 정죄함을 받으리라"라고 가르치셨다. 우리는 우리가 하는 말에 책임을 져야 한다.

인정한다는 것은 당신이 인생에서 원하고 기대하는 것을 굳건히 세우거나 강화시켜 준다는 의미다. 인정은 믿음의 완전한 표현이다. '인정하기'를 연습하는 것은 당신이 자연스럽게 자신에게 말하도록 훈련시켜 그러한 말들이 기쁨이 가득한 삶과 조화를 이루게 해 준다. '인정하기'는 하나님이 이미 당신의 삶에 부어 주신 축복에 대해서도 깨어 있게 해 준다.

# 4:8 원리 실행하기

### 생각연습하기 30

당신의 얼굴에 기쁨에 넘치는 미소를 띠게 하는 하나님의 약속 네 가지를 아래에 쓰되 지금까지 당신이 한 번도 전도하지 않은 사람에게 설명하듯이 써 보라.

### 한 발짝 깊이 들어가기

메모지 8장에 당신이 좋아하는 하나님의 약속들을 성경에서 찾아 써 보라. 그 카드를 차, 노트북, 지갑, 자주 사용하는 가방 등에 넣어 두고 자주 꺼내 볼 수 있게 하라. 또한 집 안 곳곳의 눈에 띄는 곳에 붙여라.

### 마음에 새기기(쪽지에 써 붙이자)

### 오늘의 기도

아버지, 내가 누렸던 축복들과 내가 지금도 누리고 있는 축복에 감사드립니다. 오늘 제가 당신의 선하심을 생각, 말, 행동으로 인정하도록 도와주세요.

# 행동이 감정을 다스린다

## —행동하는 기쁨

자기 절제는 우리의 취향과 열정을 생산적이고 기쁨을 낳는 쪽으로 향하게 해서 얻는 미덕이다. 자기 절제는 의지가 방종을 물리칠 때, 사명이 승리하는 분위기가 형성될 때, 그리고 정신력이 감정을 이기는 순간에 생겨난다.

그러나 훈련되지 않은 사람들은 감정의 종이 되어 인생을 살아가는 동안 많은 문제를 일으키고 기쁨을 눌러 버리게 된다. 사람이 감정의 종이 되면 어떤 일이 일어나는가? 운동하고 싶으면 하고 싫다면 하지 않을 것이다. 자녀와 중요한 대화를 나누고 싶으면 하고 싫으면 하지 않을 것이다. 모든 상황에서 그 사람의 기분이 그를 행동하게 만들 것이다.

따라서 이러한 비생산적인 감정들을 무시해 버리는 훈련은 완전히 새로운 가능성의 세계를 열어 주며 우리 삶의 전 영역에서 기쁨과 성공을 크게 향상시켜 준다. 철학자 윌리엄 제임스는 "감정이 앞서고 그 뒤에 행동이 따라오는 것처럼 보이지만, 사실 행동과 감정은 함께 간다. 행동은 의지의 통제를 더 많이 받기 때문에 행동을 다스림으로써 우리는 감정을 간접적으로 다스릴 수 있다"라고 말했다(《*Talks to Teachers on Psychology: And to Students on Some of Life's Ideals*》, 2007).

현재 상황을 개선하려면 '할 수 없는 것'과 '하지 않을 것' 사이에 엄청난 차이가 있다는 것을 알아야 한다. '할 수 없는 것'은 역량에 관한 것이므로 나름 인정되는 부분이지만 '하지 않을 것'은 감정적인 의지의 부분이다. 많은 사람들이 사실은 '하지 않을 것' 폴더에 속해야 할 자신들의 나쁜 습관을 '할 수 없는 것' 폴더에 넣어 버리는데 그 때문에 적지 않은 대가를 치르게 된다.

재정적인 어려움을 겪는 사람들은 생활방식을 고쳐서 소비와 지출을 줄여야 하지만 그렇게 할 수 없다고 속으로 말한다. 사실은 소비와 지출을 '줄이지 않겠다'는 셈이다. 남편들은(또는 아내들은) 부부 관계를 개선하고 강화하기 위한 행동을 할 수 없다고 말한다. 그 말은 사실 '하지 않겠다'는 뜻이다. 일단 우리가 '할 수 없는 것' 폴더에 행동할 수 있는 여지가 있는 것들도 던져 넣어 버리고 나면 그 다음에는 마치 아무 대안이 없는 것처럼 행동을 개선하려는 자기 절제나 자기 훈련의 노력을 거의 하지 않게 된다.

우리는 '지금 당장'이라는 말조차 그닥 빠르게 느껴지지 않을 정도로 '빨리빨리'를 요구하는 인스턴트 문화에 살고 있다. 이러한 세상에서 우리가 행하는 자기 절제는 즉각적인 만족만을 향한 충동과 갈망을 절제하도록 무장시켜 준다. 우리는 내일 좀 더 큰 것을 위해 오늘 좀 작은 것을 희생할 수 있다. 이것은 위대한 약속이다.

감정을 업그레이드하는 데 가장 효과적이면서도 잘 사용하지 않는 방법은, 원하는 감정을 품기 위해 먼저 행동에 돌입하는 것이다. 큰 기쁨, 열정, 만족을 원하는 만큼 누리고 싶다면 원하는 감정을 목표로 정한 후 그 감정에 맞게 생각하고 행동하는 것이다. 그런 식으로 원하는 감정을 품기 위해 행동에 먼저 돌입할 수 있다. 만약 하나님이 당신의 인생을 향해 위대한 계획을 가지고 있다는 것을 믿는다면, 정말 그렇다면, 그 믿음은 큰 열정과 기쁨으로 표출되어야 할 것이다. 만약 당신의 가장 큰 목표가 이미 이루어졌다면 또는 당신의 최고의 기도 제목이 응답받았다면 기분이 어떨지 상상해 보라.

그런데 대부분의 사람들이 이런 방법을 시도하지 않는다. 긍정적인 감정은 자연스럽게 생긴다고 생각하기 때문이다. 사람들은 그렇게 생각하도록 만드는 환경 속에서 자랐다. 현대 문화가 제공하는 것들을 별생각 없이 받아들인 결과, 그런 감정은 저절로 생겨야지 그렇지 않으면 진짜가 아니라고 결론을 내린다. 때로 내 강의를 듣는 사람들 중에 어떤 사람은 실제 마음에 느껴지는 것보다 더 긍정적으로 행동하면 마치 허세를 부리거나 또는 자신을 속이는 것처럼 느껴질 것 같다고 말하기도 한다.

나는 이러한 반응을 이해한다. 그러나 한 가지 분명한 것이 있다. 만약 당신이 기분을 업그레이드하려고 노력하지 않는다면 자연스레 생겨나는 긍정적인 감정만 누리는 게 다일 것이다. 그러나 성경을 믿음으로 받아들이고 또한 잠재력을 최대로 발휘해 보기로 결심했다면 '믿음으로 행동하는 것'은 당신의 가치에 맞게 행동하는 것이다.

우리는 하루 종일 작은 결정의 순간들에 직면한다. 아주 소중하고 중요한 사람들과의 관계에서 우리는 감정을 전부 쏟아 낼 것인지 아니면 믿음의 행동을 우선할 것인지, 섬길 것인지 아니면 이기적이 될 것인지, 먼저 시작할 것인지 아니면 다른 사람을 기다릴 것인지를 매 순간 선택해야 한다. 그리고 모든 것은 그 순간에 우리에게 어떤 느낌이 들었는지에 달려 있다.


하나님은 개인적으로 변화할 수 있는 이러한 능력을 우리 모두에게 부여해 주셨다. 비록 그것이 금방 그렇게 자연스럽고 익숙하게 느껴지지 않겠지만 말이다. 어떤 행동이든 처음에 하려고 하면 익숙해질 때까지 약간은 부자연스럽기 마련이다.

마음은 그게 아닌데 겉으로만 기분이 좋은 것처럼 행동하면 마치 거짓말하는 것처럼 느껴진다고 하는 사람들에게 나는 이렇게 말하고 싶다. 부정적인 감정이 너무 깊숙히 박혀 있어서 그동안 속고 있었을 가능성이 크다고 말이다. 당신은 스스로 완전히 탈진된 것처럼 느꼈다가 당신이 아주 좋아하는 뭔가를 하라는 말을 듣고서는 거짓말처럼 기분이 좋아지고 활력이 생기는 경험을 해 본 적이 있는가? 갑자기 에너지가 솟구치는 것 같은 느낌 말이다. 어떻게 그럴 수 있을까? 바로 동기부여가 있기에 가능하다.

뭔가 강력한 이유가 있다면 당신은 원하는 감정적 목표에 도달할 수 있다. 그리고 당신의 사명이 감정보다 더 강하게 작용할 때 당신은 잠재력의 최고점까지 도달할 수 있다. 당신은 외부적인 조건이 그런 기분을 촉발시켜 줄 때까지 마냥 앉아서 기다리고 있을 수도 있지만 반면에 바로 지금 이 순간 그러한 축복을 누리기 위해 행동에 돌입할 수 있다. 결국 감정(emotion)의 86퍼센트는 행동(motion)이기 때문이다.

하나님을 기쁘시게 하려고 하면 당신이 갈망하는 감정의 열매들을 보상으로 받게 될 것이다. 별로 의욕이 생기지 않을 때라도 하나님의 원리를 열정적으로 따른다면 얼마 지나지 않아 창조주를 기쁘게 함으로써 받는 기쁨을 경험할 것이다. 당신이 바라는 감정에 부합하는 방식으로 먼저 행동하는 것은 뚜렷한 믿음의 도약이다. 그러나 반대의 경우가 어떨지 생각해 보라!

## 4:8 원리 실행하기

### 생각연습하기 31

앞에서 읽은 바와 같이 우리의 행동은 감정에 극적인 영향을 줄 수 있다. 아래의 빈칸에 당신이 갖고자 하는 감정 세 가지를 써 보라. 그리고 그 각각의 칸 옆에 그 감정에 도달하게 해 주는 직접적인 또는 간접적인 행동을 써 보라. 아래 칸에는 하고 싶든 하고 싶지 않든지 옳은 것을 했을 때 당신 인생의 어떤 면에서 가장 유익을 얻을 수 있을지 써 보라.

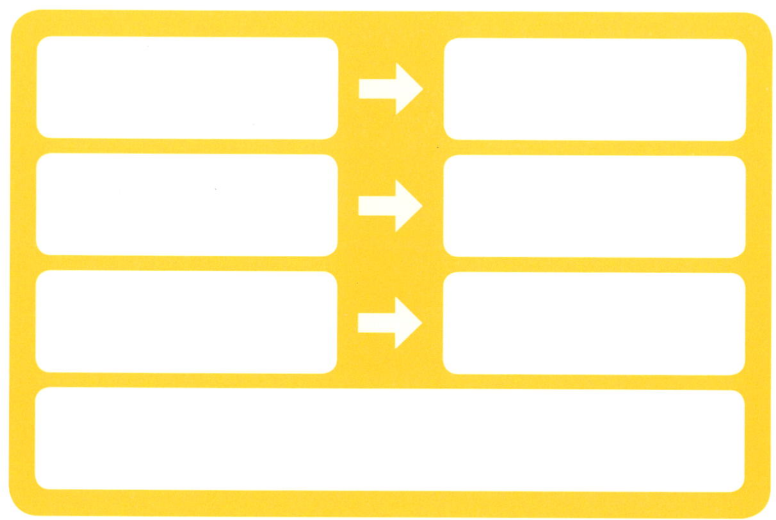

 **한 발짝 깊이 들어가기**

오늘 챕터의 핵심 포인트를 압축해서 간단하게 정리해 보라. 그것을 이메일로 자신에게 보내고 또 그 이메일을 고맙게 여길 믿을 만한 친구들 여덟 명에게도 보내라.

 **마음에 새기기(쪽지에 써 붙이자)**

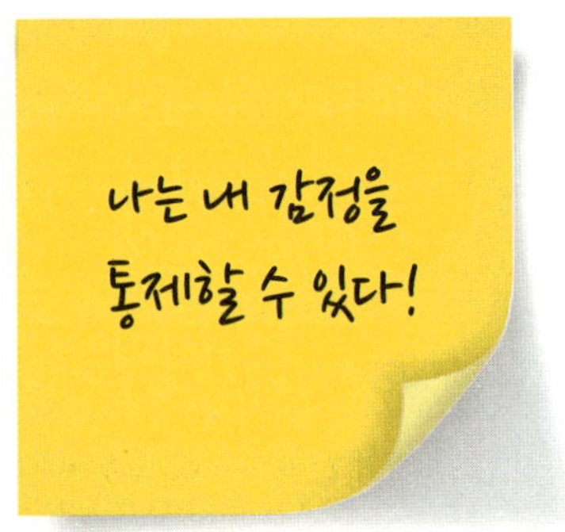

 **오늘의 기도**

하나님 아버지, 내가 감정에 따라 좌지우지되지 않고 언제든 아버지께서 바라시는 대로 행동할 수 있도록 용기와 훈련을 주셔서 감사합니다.

# 뭔가를 잘하는 데는 이유가 있다

## −재능을 사용하는 기쁨

당신이 뭔가를 잘하는 데는 이유가 있다. 당신이 이 땅에 사는 동안 당신에게 두신 하나님의 목적을 즐거운 마음으로 이루도록 하나님이 그렇게 만드신 것이다.

물론 당신이 못하는 것도 아주 많다. 못하는 것이 잘하는 것보다 훨씬 많다. 왜냐하면 당신이 못하는 일들을 잘해낼 수 있는 사람들이 이 세상에 아주 많기 때문이다. 만약 우리가 못하는 일에 많은 시간을 쓴다면 기쁨을 상당히 빼앗기게 된다. 이 말이 좀 이상하게 들릴 것이다. 그렇더라도 내 말을 끝까지 잘 들어 보라. 이것은 전부 하나님의 계획의 일부다.

하나님은 우리를 사회적인 존재로 만드셨고, 우리가 서로 합력해서 하나님의 뜻을 이루기 원하신다. 하나님은 셀 수 없이 많은 사람들을 창조하셔서 하나님의 일을 하도록 하셨다. 물론 나는 어떻게 그런 일이 이루어지는지 잘 모른다. 그러나 그 수많은 사람 중에서 어떤 사람들이 하나님의 계획을 실행하기보다 자기 자신의 계획을 실행하려고 할 경우를 대비해서 몇 가지 대안이 있어야 할 것이라고 상상해 보았다. 내가 하려는 말의 요점은 우리 모두에게는 정해진 기한 동안, 다시 말하면 이 땅에서 사는 동안에 이루어야 할 각자의 사명과 수행해야 할 역할이 있다는 거다.

당신이 이 땅에 살아 있는 한 하나님에게는 당신을 향한 계획이 있고 그의 계획은 당신의 계획을 날려 버린다. 이것은 추측이 아니라 사실이다. 만약 내 말을 믿지 못하겠거든 하나님의 계획을 잠깐 들여다 볼 수 있게 해달라고 기도해 보라. 그리고 그것을 당신의 계획과 비교해 보라. 그리고 당신이 어느 쪽을 더 좋아하는지 살펴보라.


나는 하나님에게는 당신을 향한 특별한 목적이 있다고 생각한다. 당신도 그렇게 생각하는가? 당신을 향한 하나님의 목적은 당신에게 있는 은사, 재능, 열정, 그 외에 다른 천국의 요소들과 관계가 있다. 당신의 관심 영역, 다시 말하면 당신이 가장 즐기고, 가장 에너지가 솟구치고, 가장 마음이 끌리는 활동들은 당신에게 있는 강력한 재능과 은사를 잘 보여 주는 지표다.

예를 들면 학교공부 중에 어떤 사람은 수학을 잘하는 반면 어떤 사람은 과학이나 영어를 잘한다. 물론 교육가들은 우리가 모든 것을 다 잘하기를 바랄 것이다. 대부분 부모들도 마찬가지다. 우리가 정말 영어를 잘하고 수학을 잘 못한다면 우리는 방과 후 학교에 남아 수학을 보강해야 한다. 그렇게 시간이 흐르면서 우리는 멋진 인생을 위해서는 나에게 있는 약한 점을 보강해야 한다고 생각하게 된다. 우리는 그 조언을 따라 자신의 약한 부분에서 덜 약하게 되려고 열심히 노력하게 되는데 이와 동시에 저절로 우리는 자신의 강점에서 오히려 약해진다. 이러한 모습이 뭔가 좀 잘못된 것 같지 않은가?

어떤 사람은 운동을 정말 잘한다. 또 다른 사람들은 노래를 잘하거나 그림을 잘 그린다. 어떤 사람은 깔끔하게 정돈을 잘하며 색깔을 칠할 때는 항상 선 밖으로 나가지 않게 매끈하게 칠한다. 어떤 사람은 선을 넘지 않고 색칠하는 것을 힘들어한다. 어떤 사람은 분석을 잘한다. 어떤 사람은 관계를 잘 맺으며, 마케팅 캠페인을 잘 구상하거나, 감동적이고 기억에 남는 설교를 잘 전한다.

당신에게 있는 특별한 재능이 필요한 활동에 참여할 때 당신의 두뇌는 그 영역에서 계속 활발하게 일할 수 있도록 장려하기 위해 내면에 만족감와 존재감을 촉발시키는 화학물질을 분비한다. 나는 수학을 하면서 이런 화학 반응을 전혀 경험해 보지 못했다. 그러나 나는 야구를 하면서 이런 기쁨을 경험했고, 그 후에는 코칭을 하면서 경험했으며 그 후에 글쓰기와 강의를 하면서 그런 기쁨을 더 많이 경험했다. 이 강력한, 그리고 격려를 주는 만족감은 하나님의 완벽한 디자인의 일부인 '긍정 강화 메커니즘'이다.

우리가 우리의 재능을 오랜 시간 활용한다면 그 재능은 강점으로 자리 잡게 된다. 강점의 영역에서 활동할 때 우리는 큰 기쁨을 누리는 경향이 있다. 그 결과 우리는 그 재능을 계속 실행하고 또 계속 그 재능과 관련된 일에 참여하게 된다. 왜냐하면 그것을 함으로써 기분이 좋아지기 때문이다. 우리가 깨어 활동하는 시간의 거의 반은 일하는 데 소모한다. 그러니 일하면서 기쁨을 누리는 것이 얼마나 바람직한 것인가! 만약 우리가 하는 일이 사명과 사역 이 두 가지 모두와 관련이 있다면 더 없이 좋을 것이다!

우리 각 사람 안에는 성품, 재능, 다양한 경험, 성격, 심지어 고생까지 전부 합친 독특한 복합체가 모여서 비전의 불씨를 댕긴다. 우리가 우리의 장점에 더 많이 더 자주 관여할수록 우리의 궁극적인 비전은 더욱더 명확해지며 하나님은 우리를 통해 더 큰일을 이룰 것이다. 하나님께서 우리에게 주신 재능이 강점으로 자리 잡게 되면 우리의 내부에서 동기가 유발되며 외부로부터의 자극은 점점 덜 필요하게 된다. 이것을 반복적으로 실행할 때 세상에 큰 공헌을 할 수 있는 투사가 만들어진다.

당신은 그런 사람이 되기를 원하는가?

## 4:8 원리 실행하기

### 생각연습하기 32

당신이 빛을 발할 수 있는 세 가지 영역을 써 보라. 그 옆에는 세상에서 당신의 강점을 좀 더 잘 사용하기 위해 다음 달에 시도할 수 있는 것들을 써 보라. 그리고 그 아래에는 당신의 강점을 더 잘 인식하기 위해 매일 할 수 있는 첫 단계들을 써 보라.

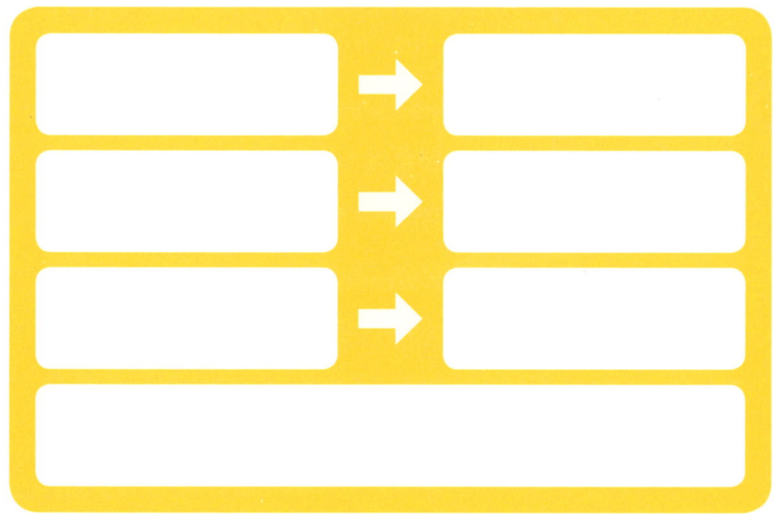

235

 **한 발짝 깊이 들어가기**

앞으로 두 주 동안은 활동하는 시간 중 몇 시간을 강점으로 여겨지는 일들을 하면서 보내는지 알아보라. 전진을 이루기 위해 매주 조금이라도 '강점'에 비중을 두는 시간을 늘리는 데 우선순위를 두라. 당신의 강점을 발휘하지 못하게 방해하는 여러 가지 일과 해야 할 일을 기록해 보라. 그렇게 해서 그러한 장애물들을 최소화하려는 계획을 세워 보라.

 **마음에 새기기(쪽지에 써 붙이자)**

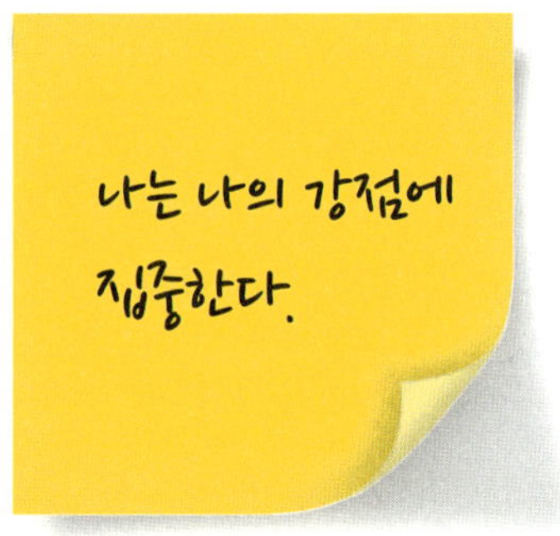

 **오늘의 기도**

하나님 아버지, 아버지께서 나의 인생을 위한 특별한 목적에 맞는 재능을 주셔서 감사합니다. 오늘 나를 도와주셔서 내가 재능을 발휘하고, 약점을 인정하며, 하나님 아버지의 영광을 위해 다른 사람들과 협력하게 도와주세요.

236

# 당신의 **목표**는 무엇인가?

## −가장 위대한 피조물이 되는 기쁨

앞에서 언급했듯이 사람들은 주로 두 가지 방식 중 한 가지로 생각한다. 가장 일반적인 것은 동물들이 숲 속에서 나는 소리나 위험에 반응할 때처럼 주변 환경에 단순히 반사적으로 반응하는 것이다. 우리는 다른 사람들의 행동에 반사적으로 반응하거나 또는 우리의 경험에 따라 단순하게 반응할 때가 많다. 특정한 생각이 계속 머릿속에서 떠나지 않으면 그 생각은 감정을 불러일으키며, 그 감정에 따라 우리는 행동하게 된다. 즉 특정한 생각에 반사적으로 반응하게 되는 것이다. 우리는 생각에서 시작해 감정으로 나아가며 행동으로까지 발전하게 된다.

따라서 만약 어떤 상황을 부정적으로 해석한다면 그로 말미암아 좌절감이라는 감정이 생기고 그 감정이 점점 심화되어 결과적으로 나오는 행동은 우리가 진심으로 원하는 것으로부터 멀어지게 할 가능성이 있다. 비록 그 당시에는 그렇게 행동하는 것이 옳고 타당한 것처럼 느껴지더라도 말이다. 이러한 감정적인 반사는 아주 빨리 마음의 습관으로 자리 잡는다.

우리가 생각을 발전시킬 수 있는 또 다른 방법에는 의지적인 것과 미리 앞당겨 생각하는 것이 있다. 그렇게 하기 위해 우리는 바울이 빌립보서 4장 8절에서 말한 것을 바탕으로 '생각 목록'을 만들거나 또는 바울의 것을 그냥 빌려 쓸 수도 있다. 우리는 사랑받을 만하며, 은혜로우며, 순수하며, 탁월한 생각 등을 자주 떠올리고 이러한 것들을 건설적인 생각으로 삼을 수 있다. 그리고 의도적으로 '4:8 생각들'을 선택하기로 마음먹으면 우리가 원하는 감정생활을 만들어 갈 수 있다. 그런 생각들은 좋은 기분을 갖게 해 줄 것이며 이런 좋은 기분은 가장 중요한 목표와 이상에 일치하는 행동을 하도록 박차를 가해 줄 것이다.

당신은 개인적인 비전을 아주 뚜렷하게 잡고 또 그 비전에 맞는 행동을 함으로써 이처럼 바람직한 삶의 순환을 만들어 낼 수 있다. 그렇게 해서 당신이 갈망하는 감정적인 축복들을 만들어 내는 것이다. 당신의 비전은 당신의 마음이 그려 놓은 미래다. 만약 그 이미지가 명확하고, 동기부여가 되며, 세부적이라면 그것은 꿈을 향해 가도록 당신을 끌어 줌으로써 현재의 결정에 큰 영향을 끼칠 것이다. 이와 반대되는 것은 당신의 감정생활을 하루하루 일어나는 사건에 맡겨 버리는 것이며 기분이 내키면 이상적인 행동을 하고 그렇지 않으면 끊임없는 초조함과 긴장 속에 살아가는 것이다.

감정적 강점은 도덕적 결정과 직접 연결되어 있다는 것을 알라. 당신이 성경 진리를 어겼을 때 그 결과 감정적 불화가 생긴다. 비록 일시적으로는 위조된 기쁨을 느낄지도 모르지만 말이다. 이러한 불편한 감정의 빚은 반드시 그 대가를 치를 뿐만 아니라 이자까지 치르게 된다. 그러나 하나님을 기쁘시게 하는 방식으로 행동할 때 영혼이 진정으로 갈망하는 감정적인 열매를 상으로 받게 될 것이다.

이 책 전체에 걸쳐 나는 부정적인 감정을 퇴치하기 위한 핵심 전략을 제안했고 그렇게 해서 당신이 기쁨이 가득한 삶에 좀 더 가까이 나아갈 수 있도록 했다. 당신의 코치로서 나의 목표는 당신이 이 목표에 도달하는 것이다. 그러나 그에 앞서 먼저 우리는 다음과 같은 근본적인 질문을 생각해 봐야 한다. 당신이 진정으로 바라는 것이 기쁨을 느끼는 것인지 아니면 부정적인 감정을 느끼는 것인지 정해야 한다면, 과연 둘 중에 어떤 것이겠는가? 다른 말로 하면 내가 전에 말했던 "Deal or No Deal?"이다.

지금까지 우리 모두는 부정적인 감정 속에 나뒹구는 것을 즐기는 것처럼 보일 정도로 행동해 왔다. 누군가에게 상처를 받으면 그에 대해 원한을 키우거나 실망스러운 상황 앞에서는 냉담하게 반응했다. 그러나 그 궁극적 결과는 어떠했나? 부정적인 감정대로 행동하는 것이 우리를 바람직한 방향으로 나아가게 해 주는가? 부정적인 감정이 가까운 사람들에게 복이 되는가? 그렇게 하는 것이 목표에 도달하게 해 주는가? 예를 들면 부부 사이에 실랑이가 벌어질 때 누가 옳은지 따지는 게 목표인가, 아니면 행복해지는 게 우선인가?

당신의 목표는 무엇인가?

나는 내 고객들에게 위의 질문들을 폭탄처럼 던지는데 그 목적은 하나님이 그들에게 주신 이성과 양심을 깨우기 위한 것이며 그렇게 해서 그들이 스스로 올바른 결정을 내리도록 돕기 위한 것이다. 당신의 목표는 그 목표 달성에 방해가 되는 모든 말과 행동, 기타 감정적 반응을 제거해 주는 필터의 역할을 해야 한다.

예를 들면 자녀들을 향해 양육이라는 목표를 명확하게 붙잡음으로써 부모인 당신이 사랑을 전달하고 인내심을 가지고 감정적으로 반응하지 않도록 다스릴 수 있다.

살다 보면 때로 부정적인 감정을 표출할 때가 있을 것이다. 그런데 다행히도 하나님은 그의 가장 귀한 피조물을 위해 기회라는 작은 여지를 주셨다. 자극과 그 자극에 대한 반사적 반응 사이의 작은 틈은 당신이 아무 생각 없이 반사적으로 행동하기 전에 먼저 생각할 여지를 준다. 이것은 기쁨을 위한 잠재력을 키워 줄 뿐만 아니라 인간으로서 당신의 운명을 만들어 갈 것이다.

당신의 목표는 무엇인가?

## 4:8 원리 실행하기

### 생각연습하기 33

가까운 사람들 때문에 반복적으로 스트레스를 받거나 마음이 힘들어지는 상황 세 가지를 써 보라. 그리고 그 각각에 당신이 원하는 긍정적인 결과와 목표를 써 보라. 마지막으로 기쁨을 유지하고 목표를 이루기 위해 앞으로 어떤 식으로 반응할 것인지 명확하게 써 보라.

 ## 한 발짝 깊이 들어가기

앞으로 당신이 좀 더 누리고 싶은 감정들을 열거해 보라. 그러고 난 뒤 내년에 피하고 싶은 부정적인 감정들을 써 보라. 이 목록을 매주 검토해 보고 당신이 원하는 감정에 부합하는 방식으로 생각하고 말하기를 시작해 보라.

 ## 마음에 새기기(쪽지에 써 붙이자)

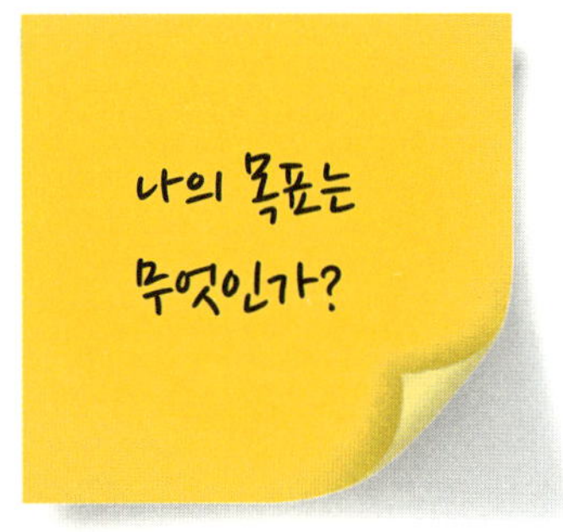

 ## 오늘의 기도

주님, 주님을 따를 때 기쁨을 누리게 하시니 감사합니다. 오늘 제가 사랑받을 만하며, 탁월하며, 칭찬받을 만한 말과 행동을 의도적으로 하도록 도와주세요. 그런 말과 행동이 나의 목표를 이루도록 도와줄 것이라고 믿습니다.

# 하나님은
# 어떻게 생각하실까?

## —주인의 생각을 배우는 기쁨

**불**행히도 인간의 본성적인 생각 패턴은 대부분 기쁨에 찬 삶을 살지 못하게 하는 것이다. 부정적이고 냉소적이며 비관주의적으로 되는 데는 별다른 노력이 필요 없다. 이러한 블랙홀과 같은 삶의 태도는 자연스럽게 생겨나는 반면, 부정적인 감정이 가진 힘은 무한하다. 그것은 우리의 믿음을 좀먹는다. 그것은 면역체계를 약하게 하며 에너지를 빼앗아 간다. 인간관계를 파괴시킨다. 그리고 두말할 것도 없이 하늘 아버지께서 우리에게 주시려고 하는 기쁨을 빼앗아 간다.

반면에 기쁨은 하나님 아버지의 선물이다. 그러나 거기에는 꼬리표가 붙어 있다. 우리의 노력 여하에 따라 기쁨을 누릴 수도 있고 부정적인 감정에 매일 수도 있다는 내용이다. 부정적인 감정은 그 겉모양이 어떻든지 간에 대부분 우리가 자초한 상처다. 이 말은 얼핏 보면 실망만 주는 말인 것 같지만 사실은 그 반대다. 이것은 우리에게 정말 좋은 소식인데 그 이유는 선택은 우리에게 있기 때문이다.

하나님의 은혜로 말미암아 인생의 모든 순간은 정신적인 일출의 때이며, 새로운 시작이고, 우리가 갈망하는 사람이 될 수 있는 새로운 기회다. 우리의 생각은 완전히 달라질 수 있고 그 결과 우리의 성품도 바뀔 수 있으며 우리의 삶은 새로운 변화를 맞을 수 있게 된다. 하나님은 우리가 완전히 새롭게 생동하기를 바라며, 열정으로 충만하기를 바라며, 기쁨으로 폭발하기를 원하신다. 결국 우리는 하나님의 자녀들이 아닌가? 생각해 보라. 우리는 우리 자녀들이 뭔가를 부족하게 받기를 원하는가?

당신은 하나님이 당신을 창조했을 때 하나님의 마음속에 품고 있었던 그 기대에 온전히 도달할 수 있다. 과거와 현재가 어떻든 간에 당신의 미래는 당신이 상상할 수 있는 최고의 것을 넘어설 수 있다. 그런데 한 가지 명심해야 할 것이 있다. 그건 바로 하나님이 생각하는 것처럼 생각하기를 배우는 것이다!

당신은 속으로 궁금하게 여길 것이다. '어떻게 그렇게 할 수 있지?' 글쎄, 물론 당연히 하나님처럼 생각한다는 것은 불가능할 것이다. 하나님은 전지전능하시기 때문이다. 그러나 우리는 하나님의 성품을 반영해 주는 생각들 그리고 하나님의 약속을 믿는 생각에 우리의 초점을 맞출 수 있다.

하나님이 어떻게 생각하는지 알려면 우리는 무엇보다 먼저 하나님이 누구신지를 알아야 한다. 성경을 살펴보면 우리는 하나님이 누구신지에 대한 다음과 같은 진리를 배울 수 있다.

하나님은 사랑이시다.
하나님은 전능하시다.
하나님은 무소부재하시다.
하나님은 전지하시다.
하나님은 절대 진리시다.
하나님은 거룩하시다.
하나님은 자비로우시다.
하나님은 신실하시다.
하나님의 공의로우시다.
하나님은 불변하신다.

비록 완벽하진 않지만, 그래도 하나님의 특징들을 내 나름대로 정리해 보았다. 그리고 이 하나님의 특징들은 우리가 하나님의 완전함과 무한하신 성품을 묵상할 수 있는 충분한 단서들을 제공해 준다. 하나님처럼 생각하기 위해 당신은 무엇을 하든지 하나님의 형상을 반영하려고 의지적으로 노력해야 한다. 이런 점에서 당신의 생각 생활보다 더 중요한 것은 없다. 분명 하나님의 생각은 실질적이며 거기에는 원인과 결과라는 흐름이 있다. 당신이 하나님과 더 많은 시간을 보내고 가까이 할수록 당신의 생각은 점점 더 가치 있고 점점 덜 편협하게 바뀔 것이다. 바울은 "너희 안에 이 마음을 품으라 곧 그리스도 예수의 마음이니"(빌 2:5)라고 말했다.

마음속으로 물어보라. 예수님은 어떻게 생각하실까?

예레미야 17장 9절을 보면 인간의 마음이 "만물보다 거짓되고 심히 부패"했음을 알 수 있다. 그러므로 우리에게는 하나님의 도우심이 절실히 필요하다. 하나님을 의지해야 한다는 것을 인정하고 당신의 생각에 영향을 끼치는 감정을 바꿔 달라고 기도하라. 그리고 가능한 한 당신의 생각을 하나님의 생각과 가깝게 하려고 노력하라. 하나님의 말씀을 공부함으로써, 하나님의 특성을 묵상함으로써 하나님의 마음을 발견하라. 하나님의 특성을 깊이 사모하고 예배하면 그런 특성이 당신의 마음 안에서도 자라기 시작할 것이다. 하나님의 특성은 항상 그 특성들에 감사하는 사람의 마음 안에서 성장한다.

믿지 않는 세계에서는 다소 황당하고 유행에 뒤떨어지는 것처럼 보일 수도 있지만 그리스도인으로서 당신은 하나님처럼 생각해야 한다. 당신은 "그리스도의 마음"을 가졌기 때문이다(고

246

전 2:16). 당신의 생각이 하나님의 생각과 다를 때는 "모든 생각을 사로잡아 그리스도에게 복종하게 하니"(고후 10:5)라는 진리의 말씀을 떠올리라. 물론 쉽지는 않지만 생각보다는 훨씬 간단하다. 그리고 그것은 당신에게 예상치 못한 큰 배당수익도 누리게 해 줄 것이다. 사실 진짜 어려운 것은 생각 방식을 바꾸지 않아서 초래한 자업자득의 결과를 겪으면서 사는 것이다.

하나님은 그의 성품과 힘을 사람들을 통해 세상에 나누어 주기 원하신다. 그리고 그런 일이 일어날 때 세상은 바뀐다. 그 이유는 하나님의 영광을 드러내는 사람들이 세상에 영향을 주기 때문이다. 당신도 잘 알다시피 이 책이 근거로 삼고 있는 성경 말씀은 바울이 쓴 빌립보서 4장 8절이다.

무엇에든지 참되며 무엇에든지 경건하며 무엇에든지 옳으며 무엇에든지 정결하며 무엇에든지 사랑 받을 만하며 무엇에든지 칭찬 받을 만하며 무슨 덕이 있든지 무슨 기림이 있든지 이것들을 생각하라

이 성경 말씀은 진리이시며, 거룩하시고, 공의로우시며, 순결하시며, 사랑이 많으시며, 선하신 하나님의 본성과 성품을 그대로 반영한다. 그리스도인으로서 우리는 하나님의 성품을 반영하도록 부르심을 받았다! 이것은 죄악되거나 또는 파괴적인 것

들을 바라보지 않게 우리를 지켜 줄 뿐만 아니라 우리의 삶을 희망과 긍정의 마음으로 가득 채워 준다.

# 4:8 원리 실행하기

### 생각연습하기 34

오늘은 당신이 지금까지 이 과정에 얼마나 성실하게 임해 왔는지 점검해 볼 것이다. 이 프로그램을 하면서 지난 기간을 전체적으로 한번 돌아보고 그동안 4:8 생각에 기초하지 않았던 생각, 말, 행동들이 있었다면 글로 써 봄으로써 자신에게 고백하는 시간을 가지라. 만약 똑같은 상황에 다시 처하게 된다면 어떻게 다르게 대처할 것인지 써 보라. 아래 칸에는 좀 더 향상을 이루기 위한 새로운 아이디어를 써 보라.

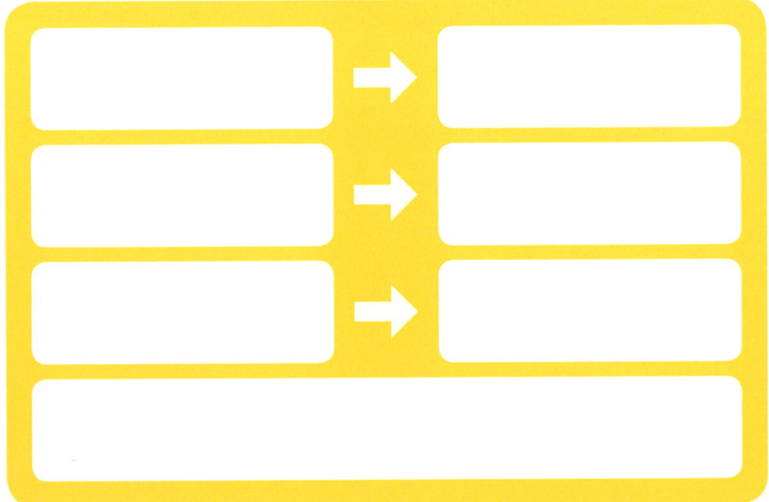

 ### 한 발짝 깊이 들어가기

오늘의 챕터를 다시 한 번 읽어 보고 성경 말씀 중에 그리스도의 마음에 대한 말씀을 찾아서 묵상해 보라. 그리고 삶의 한 가지 영역을 선택해(일, 결혼 등) 하루 동안 하나님처럼 생각하기에 모든 것을 집중시키라. '예수님이라면 어떻게 생각하실까?' 하고 질문해 보라.

 ### 마음에 새기기(쪽지에 써 붙이자)

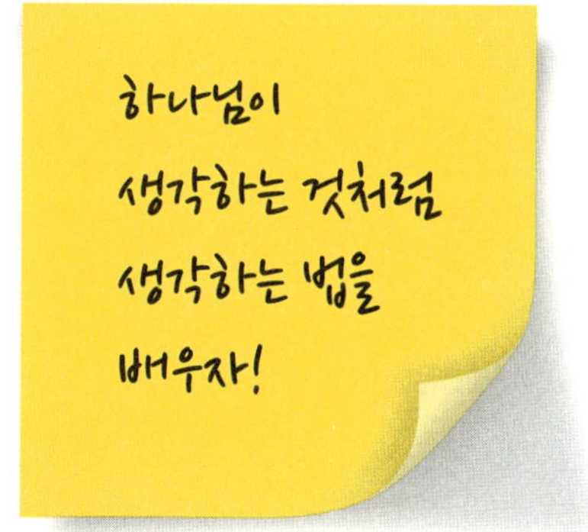

 ### 오늘의 기도

주님, 당신의 생각에 담긴 평화, 기쁨, 힘을 주셔서 감사합니다. 나도 주님처럼 생각할 수 있게 도와주세요.

# 하나님이
# 응원해 주신다!

## −찾아내는 기쁨

당신의 크리스마스 아침은 어떤가? 기억을 더듬어 보면, 나의 경우 크리스마스 아침은 항상 많은 사람들과 함께 했다. 최소한 아홉 가정은 와 있었다. 일단 거기에는 부모님과 조부모님이 계셨고, 네 명의 자매들과 내가 있었다. 세월이 흐르면서 그 규모가 더 커졌는데 거의 세 배로 늘어난 것 같다. 어떻게 그렇게 되었는지 살펴보면 재미있다. 비록 조부모님은 돌아가셨지만 크리스마스가 되어 부모님에게로 가면 최근에는 전체 가족들이 거의 서른 명 정도가 된다. 여기에는 나의 아내와 세 아들, 부모님, 네 명의 나의 자매들과 동서들, 고모들과 이모들 그리고 고모부들과 이모부들, 열네 명의 조카들 그리고 큰 조카의 약혼자가 포함된다. 우리는 정말 축복받았다. 가족이 그렇게 한자리에 모이면 시끌벅적하고 시간 가는 줄 모르고 재미있게 지낸다.

대가족으로 함께하다 보니 세월이 흐르면서 그런 대가족 행사를 별 탈 없이 좀 더 원활하게 치르기 위한 몇 가지 방도를 고안하게 되었다. 손자들이 어렸을 때는 한 가지 방법이 매우 쓸모가 있었다. 한 방에 스무 명 이상의 사람들이 모여서 동시에 선물을 전부 풀고 있다고 상상해 보라. 정신이 하나도 없다. 그래서 우리는 상황을 어떻게든 좀 정리해 보려고 선물을 풀기 전에 큰 비닐봉지를 나눠 주었다. 엉망진창이 된 방을 나중에 청소하느라 애먹는 일이 없게 하기 위해 선물을 풀면서 나온 포장지, 포장끈, 포장용 리본, 박스 등을 받은 비닐봉지에 넣도록 했다. 최소한 계획은 그랬다.

그렇지만 명절에는 늘 그렇듯이 그 방법이 제대로 효과를 발휘하지는 못했다. 일부는 너무 열심히 치우다 보니 버리면 안 되는 것들까지 부주의하게 버리는 경우가 종종 있었다. 쓰레기만 버린 것이 아니라 선물까지 버린 것이다. 선물의 크기가 작을수록 쓰레기에 휩쓸려서 비닐봉지로 들어간 다음 집 밖에 버려져서 사라져 버릴 가능성이 많았다. 자, 이제 여기서부터는 몇 시간 후로 영상테이프를 ‘빨리 감기’ 해 보자.

“이 근처에 있던 귀걸이 본 사람 없어?”

"상품권이 들어 있는 봉투 못 봤어요?"

"내 소방차에 넣는 건전지 못 봤어요?"

"선물로 받은 핸드폰 충전기가 없어졌어."

물론 그걸 본 사람은 아무도 없다. 그걸 봤다는 사람도 없다. 사람들은 알고 있다. 그게 무엇을 뜻하는지를. 그것은 별로 좋은 소식이 아니다. 그것을 본 사람이 아무도 없고 그게 발이 달려서 스스로 걸어 나간 것이 아니라면 분명 그것은 집 뒤뜰에 갖다 놓은 열 개 정도 되는 쓰레기 봉지 중 하나에 들어 있다는 것이다.

크리스마스 오후 그 시간쯤이면 그 봉지들은 버려진 포장지들로만 가득 차 있지 않다. 이제 그 봉지들에는 여러 가지 다른 쓰레기들도 들어 있다. 그래서 잃어버린 것을 반드시 찾아야겠다면 우리는 그 쓰레기 봉지를 뒤적거리면서 하나하나 살펴봐야 한다. 크리스마스 음식 찌꺼기, 똥 기저귀, 누군가 감기가 심하게 걸렸는지 코를 풀어 논 휴지 조각들, 그 외에도 그 쓰레기 봉지 안에 어떤 것들이 들어 있을지 누가 짐작이나 할 수 있으랴. 그래도 잃어버린 것을 다시 얻기 원한다면 돈을 주고 다시 사거나 아니면 쓰레기를 뒤지는 수밖에 없다. 그래서 우리는 얼굴을 찡그린 채 다른 방향으로 돌리고, 장갑을 끼고, 마치 증거물을 찾으려는 CSI 요원들처럼 쓰레기를 뒤졌다. 마음을 단단히 먹으면 찾으려는 것을 대부분 찾아냈다. "찾았다!" 하고 물건의 주인이 지르는 소리는 집 안에 있는 모든 사람에게 들릴 정도였다. 귀걸이도 찾았고, 상품권도 찾았다.

20년이 넘도록 인생 코치로 살면서 나는 방금 말한 가족 크리스마스를 떠올리게 해 주는 깨달음을 늘 새롭게 되새기게 된다. 하나님은 우리 각 사람을 특정한 목적을 두고 만들었다. 그런데 그 특정 목적을 발견하기까지는 우리의 기쁨 중 일부는 숨겨져 있을 것이라고 나는 생각한다. 그리고 그것 때문에 우리는 인생을 살면서 뭔가 아직 부족한 것 같은 느낌을 받는 것일지도 모른다고 말이다.

우리는 너무 많은 여러 가지 것들(포장지, 끈, 리본 등)을 처리하느라고 정신 없이 바쁘게 사느라 정말 중요한 것을 놓치거나 잃어버릴 때가 많다. 게다가 여러 가지 소음과 재잘거리는 소리가 어느 정도 잠잠해지기 전까지는 우리는 그것을 잃어버렸는지조차도 깨닫지 못한다.

그러나 중요한 뭔가를 잃어버렸다는 것을 일단 깨닫게 되면 우리는 그것을 찾으러 가고 싶어진다. 그리고 그것을 다시 찾기 위해서라면 무엇이든 기꺼이 하려고 한다. 우리는 다른 사람들을 섬기고 동시에 큰 기쁨을 주는 거룩한 사명과 부르심을 받았다. 만약 당신이 인생의 이러한 방향에 대한 깨달음을 잃어버렸다면 그것을 찾으러 가라.

분명한 목적의식이 없다면 인생은 진정한 중요성을 갖지 못하며 장기적으로는 아무런 의미도 없어진다. 목적의식 없이 이 세상에 존재하는 것은 그저 몸짓에 불과하며 냉소주의와 비관주의와 무관심과 궁극적으로 있으나마나 한 삶을 사는 것밖에 되지 않는다. 그것은 목숨이 다하는 날까지 그저 살기 위한 삶의 모드다. 그것은 외부에서 이런저런 것들을 끊임없이 채워 넣어야 하는 삶이다. 항상 바쁘고 정신없고 끊임없이 뭔가를 하는 것 말이다.

당신에게 주어진 책임 중에 하나님이 이 땅에서 하라고 하신 일을 하는 것보다 더 중요하고 큰일은 없다. 그것을 찾을 수 있도록 도와달라고 하나님께 구하라. 참된 자아를 죽이고 복사본이 되기를 거절하라. 세상의 일반적인 삶을 따라가지 마라. 오리지널이 되라. 당신은 이 세상에서 특별한 역할을 하도록 하나님이 만드신 맞춤식 작품이라는 사실을 받아들이라. 비록 그 계획이나 그 역할이 아직 당신에게 분명하게 드러나지 않았더라도 말이다. 그것이 바로 당신이 진정으로 있어야 할 곳이다. 그리고 그것을 찾는 것은 당신에게 달려 있다. 아무리 어려워도 말이다.

이 세상에 잉여인간이란 없다. 당신이 가야 할 진정한 곳은 하나님을 영화롭게 하기 위해 당신 앞에 놓여 있는 유일무이한 좁은 길이다. 이 진정한 장소에 있을 때 당신은 그것을 알게 될 것이다. 당신이 가장 하고 싶은 일이 가장 잘하는 것과 어우러질 때 목적지를 깨닫게 될 것이다. 오직 당신만이 그 일을 하도록 무장되어 있기 때문에 당신만이 할 수 있는 변화를 이루면서 하나님이 예비하신 길로 삶을 던지게 될 것이다.

각자에게는 각자가 인생에서 잘 해낼 수 있는 서로 다른 수많은 길이 있다. 하지만 하나님이 당신을 창조하실 때 하나님의 마음에 두셨던 당신만을 위한 특별한 길은 하나다. 어떤 사람에게는 그것이 세계를 뒤흔드는 것일 수도 있지만, 또 어떤 사람에게는 하나의 작은 가정을 편안하게 해 주는 것일 수도 있다. 둘 중에 어떤 경우든지 그 길을 따를 때 세상은 더 살 만하고 좋은 장소가 될 것이다.

당신이 더 좋은 장소를 경험하면 할수록 더욱 그 장소에 이끌릴 것이다. 당신만이 느낄 수 있었던 마음 한구석에 늘 남아 있던 불만족의 찌꺼기가 사라질 것이다. 당신 손에 자존감이 활기차게 물밀 듯이 밀려오는 것을 느낄 것이다. 당신은 더 이상 다른 사람과 자신을 비교할 필요를 느끼지 못할 것이다. 당신은 더욱 건강해질 것이며, 더욱 번영할 것이며, 더욱더 큰 기쁨을 누릴 것이다.


하나님이 당신의 귀에 뭐라고 속삭이시는가? 당신만 특별히 받은 축복, 다시 말해 당신에게만 있는 특별한 재능과 능력을 정직한 마음으로 찾으려면 휩쓸리지 않는 용기가 필요하다. 당신이 아무리 목적에서 멀어졌어도 당신은 그것을 다시 찾을 수 있다. 당신이 있어야 할 진정한 장소는 항상 당신을 기다리고 있다. 왜냐하면 당신 외에는 아무도 그것을 해낼 수 없기 때문이다. 그런 생각을 깊이 묵상하라!

당신이 지금까지 인생에서 경험했던 모든 것들이 겉으로 보기에 서로 아무 상관이 없는 것처럼 보일지라도 마침내 당신의 진정한 장소를 찾을 때 그곳에서 그 모든 경험들이 당신에게 유익하게 사용될 것이다. 온 마음으로 그것을 찾으라. 그러면 당신은 반드시 그것을 찾을 것이다.

하나님이 당신의 마음에 그리고 당신의 DNA에 심은 그 꿈은 우연히 얻어지지 않을 것이다. 이 좁은 길을 갈 때 당신은 많은 저항에 부딪힐 것이다. 제도적인, 문화적인, 대인관계적인, 재정적인, 그리고 정신적인 저항들. 그리고 이것은 그저 게임의 일부일 뿐이다.

자기들에게 동조하라는 외부의 모든 압력들과 마주칠 때 당신은 오히려 더 분발해야 한다. 당신의 궁극적인 비전에 아낌없이 자신을 온전히 던지고 있다는 확신을 가지고 행동해야 한다. 당신은 수중에 돈이 있기 전에, 자신감을 갖기 전에, 가장 가까운 사람들의 축복을 받기 전에 미리 당겨서 그렇게 해야 한다.

지금 세상은 당신과 같은 사람들이 긍정적인 변화를 가져오기 위해 하나님이 주신 재능을 사용하는 것이 더욱 필요하다. 잃어버린 것들을 찾으려 하다 보면 쓰레기나 잡동사니들을 하나씩 하나씩 면밀하게 살펴봐야 할 수도 있다. 그러나 용기를 내라. 일단 찾기 시작하면 찾을 것이다.

그리고 당신이 이 참된 장소를 찾을 때 당신은 기뻐하며 잔치를 벌일 수 있을 것이다. 그리고 하나님도 당신을 위해 기뻐하며 박수쳐 줄 것이다!

## 4:8 원리 실행하기 ·················

### 생각연습하기 35

오늘은 당신이 현재 어디에 있는지 살펴볼 것이다. 다음 페이지에 있는 박스의 첫 번째 칸에 당신이 있어야 할 곳에 있지 않다는 것을 말해 주는 세 가지를 찾아보라. 두 번째 칸에는 당신이 올바른 궤도에 이미 들어섰다는 것을 말해 주는 증거를 찾아보라. 세 번째 칸에는 당신을 진정한 장소에 좀 더 가까이 나아가도록 도와줄 것 같은 세 가지 행동 단계들을 생각해 보라.

### 한 발짝 깊이 들어가기

세 가지 질문을 끈질기게 하나님께 해 보라. 나는 누구인가요? 나는 왜 여기에 있나요? 내가 어디로 가기를 원하시나요? 당신의 갈망을 통해 당신을 향한 하나님의 뜻을 드러내 보여 주시기를 구하라.

| 성장해야 할 영역 | 궤도에 오른 증거 | 도움이 되는 행동 |
| --- | --- | --- |
|  |  |  |
|  |  |  |
|  |  |  |

 **마음에 새기기(쪽지에 써 붙이자)**

**오늘의 기도**

하나님 아버지, 나를 특별한 뜻 가운데 창조해 주셔서 감사합니다. 오늘 목적이 있는 삶을 살기 위해 그리고 나를 위해 예비하신 나의 참된 장소에 있기 위해 내가 알아야 할 것들이 무엇인지 나에게 보여 주세요.

# 책임져라, 굶겨라, 물러서라

## −해결 방안의 기쁨

내가 앞서 말했던 것처럼 일반적으로 나는 과거를 돌아보는 것보다 미래를 바라보는 것에서 더 큰 가치를 발견한다. 그래서 오늘은 과거를 파헤치거나 어린 시절 문제를 해결해 보라고 하지 않을 것이다. 그 대신 오늘은 세 가지 추가적인 방법으로 당신을 무장시켜 감정을 다스리도록 할 것이다. 그렇게 해서 내일 당신이 더욱 기쁨에 겨워 펄쩍 뛸 수 있도록 말이다.

인생을 살면서 대부분의 사람들은 자신이 정말 무엇을 생각하는지 그리고 그런 생각들이 가져 오는 결과가 무엇인지에 대해 깊이 숙고하지 않는다. 물론 얼핏 스쳐 지나가는 식으로는 해 보겠지만 말이다. 우리의 친구, 가족, 동료들 대부분이 주변 세상에 충동적으로 반응한다. 꼭 그래야 할 필요가 있을까? 자, 이제 이 전략들을 제대로 실천하기만 하면 기쁨이 몇 배가 될 수 있는 감정을 다스리는 기술을 연마하게 될 것이다.

첫째, 부정적인 감정들을 자신의 책임으로 여기라. 이 말은 생각이 이쪽으로 흘러갈 때 책임감을 가지고 얼른 저쪽으로 방향을 돌리라는 의미다. 물론 당신은 왜 자신이 기분 나쁠 수밖에 없는지 그 타당함을 하루 종일 설명하고 싶을 것이다. 그러나 그런 마음 상태에서 얻을 수 있는 것이 도대체 무엇인가? 만약 기쁨을 극대화하며 살고 싶은 의지가 있다면 "나는 내 감정에 책임을 진다"라고 소리 내어 담대하게 선포하면서 자신의 감정 반응에 책임을 지라. 물론 처음부터 잘할 수 있는 것은 아니다. 비록 어금니를 꽉 깨무는 한이 있더라도, 자신의 감정 반응에 책임을 진다고 마음먹고, 교환의 법칙을 통해 부정적인 감정들을 바람을 빼듯이 빼 버리라(기억하라, 부정적인 생각은 긍정적인 생각과 바꿔야만 없앨 수 있다는 것을).

'책임은 나에게 있다'라는 이 세 마디는 비난이나 불평이 그 생명을 이어가지 못하도록 감정의 산소를 차단시킨다. 다른 사람을 비난하는 것을 멈추는 순간, 훨씬 좋은 감정 건강을 향한 길로 들어서게 된다. 오늘날 사회에서는 사람들이 자신의 행동과 감정의 원인을 다른 사람이나 사건으로 돌리며 주변을 탓하고 비난하는 경향이 있다. 당신이 자신에게서 그런 피곤한 길을 걸어가는 모습을 발견할 때마다 '교환의 법칙'을 실행하라. 그리고 자신에게 말하라. '책임은 나에게 있다'라고. 처음 몇 번은 그건 사실이 아니라고 느껴질 수도 있다. 그래도 계속 반복하라. 왜냐하면 그렇게 할 때 그것이 사실임을 알게 되기 때문이다.

걱정하지 마라. 그렇다고 해서 부정적인 상황이 일어난 것에 대한 모든 책임을 당신이 지라는 뜻은 아니다. 문제가 일어난 것에 다른 사람의 책임이 없다는 것도 아니다. 그러나 다른 사람들이 그런다고 해서 당신까지 더 낮은 수준으로 내려가지 말라는 것이다. 그렇게 하기를 거부하라는 것이다. 다른 사람이 당신의 마음을 좌지우지하도록 허용하지 마라. 인생은 그렇게 두기에는 너무 짧다. 비록 지금 벌어진 상황에 대한 책임이 당신에게 있다는 것을 도저히 받아들일 수 없더라도 그 상황에서 당신이 어떻게 반응하고 행동할 것인지는 여전히 당신의 책임이다.

당신이 부정적인 감정을 느끼기 시작하면 '책임은 나에게 있다'는 그 고통스러운 말을 반복하라. 자신을 향해 말하라. 가능하면 크게 소리 내어 말하라. 그러면 기쁨을 죽이는 그런 부정적인 감정들은 당신의 정신이라는 집에서는 환영받지 못한다고 금방 느낄 것이다. 그러면 이제 그런 생각들은 자기를 애지중지해 줄 다른 사람을 찾아갈 것이다.

기쁨을 유지하는 아주 효과적인 또 다른 방법은 부정적인 감정들을 굶기는 것이다. 부정적인 사건 때문에 화가 나거나 또는 사기가 떨어지거나 또는 상처를 입었을 때는 큰 그림에 초점을 맞춰라. 약간 뒤로 물러나서 정말 중요한 것이 무엇인지 생각해 보라. 변화를 균형 있는 시각으로 보면 순간적인 혈기를 가라앉히고 생각의 틀을 다시 잡게 되면서 부정적인 생각이 탄력받지 못하게 된다. 그리고 이성이 깨어날 수 있다. 부정적인 생각은 자꾸 부채질하지 않으면 점점 희미해지기 마련이다. 만약 당신이 감정적으로 한참 힘들 때 내가 당신을 코칭할 기회를 얻는다면 나는 다음과 같이 질문할 것이다.

- 여기에서 당신의 목표는 무엇인가요?
- 이 상황에서 당신이 원하는 결과는 무엇인가요?
- 당신의 비전은 무엇인가요?
- 그 부정적인 생각이 당신의 목표를 향해 움직이게 해 주나요? 아니면 엉뚱한 쪽으로 움직이게 하나요?

그런 다음에 나는 아래의 질문들을 계속할 것이다.

- 지금 상황이 어디를 향해 치달아 가고 있죠? 그렇게 돼도 괜찮은 건가요?
- 당신이 진정으로 원하는 건 무엇인가요?
- 여기서 가장 중요한 건 무엇인가요?

- 나에게 있는 부정적인 생각이 이 인간관계에 어떻게 영향을 줄 수 있나요?
- 이것은 당신의 정직함과 고결함을 흔들 수도 있는 상황인가요?
- 지금 당장 내가 옳다는 것을 입증하는 것보다 나의 건강이 더 중요하진 않나요?

내 잘못은 없다는 생각을 포기한다면 스트레스를 받는 대신 기쁨을 누릴 수 있고 선택의 여지를 넓힐 수 있다. 큰 그림을 보고 나면 전에 보았던 부정적인 상황이 전체의 일부에 불과하다는 것, 그것도 아주 작은 부분에 지나지 않는다는 것을 깊이 깨달을 수 있다. 현재라는 순간을 뛰어넘어 생각하면 터널처럼 좁은 시야를 벗어날 수 있고 지혜를 더 많이 얻을 수 있으며 좀 더 차분하게 반응할 수 있다. 문제를 균형 있는 시각에서 바라보면 염려를 지나치게 키우는 부정적인 감정을 굶길 수 있다.

마지막으로 긴급한 문제로부터 거리를 두고 잠깐 뒤로 물러나는 것이다. 그것은 평정심을 회복하고 기쁨을 유지할 수 있는 아주 효과적인 방법이다. 물론 이렇게 해서 문제로부터 도망치라고 당신에게 길을 열어 주려는 것은 아니다. 그러나 때로는 감정이 이유 없이 축 처져서 왜 그러는지 그 원인을 알 수 없을 때가 있다. 또 어떤 경우에는 기분을 나쁘게 하는 원인이 꽤 명확하다. 기분이 왜 축 처지는지 이유를 재빨리 알아내는 것은 계발할 가치가 있는 기술이다. 만약 자신의 마음이 부정적인 프레임에 놓여 있다는 것을 인식하지 못하면, 그 뒤를 이어 생각, 말, 행동에 부정적인 소용돌이가 일어나게 될 것이며, 회복되려면 엄청난 시간, 에너지, 의지가 소모될 것이다.

이러한 상황에서는 잠깐 뒤로 물러나 있기를 고려해 보는 것이 현명하다. 다른 사람들과 부딪히는 상황에 계속 머무르면 무심코 불에 기름을 끼얹는 격이 될 수 있다. 잠깐 뒤로 물러나는 것, 특히 사랑하는 사람들과 어느 정도 거리를 두는 것은 '이것도 다 지나가리라'라는 오랜 세월에 걸쳐 검증된 지혜를 생각나게 할 수 있다.

이 진리를 떠올리면 그 어려움도 이제 곧 끝난다는 것을 상기시켜 부정적인 감정에 매이지 않을 수 있다. 그것은 희망을 걸 수 있는 뭔가를 제시해 주며 믿음을 실천할 기회를 준다.

때로는 뒤로 한걸음 물러서는 것, 문을 닫는 것, 혼자 있는 것이 치유의 한 방법이 될 수 있으며 부정적인 감정의 불을 저절로 가라앉게 하는 방법이 될 수 있다. 물론 잠깐 뒤로 물러나는 것이 상황을 해결하지는 못한다. 그렇지만 그것은 우리를 스스로로부터 보호함으로써 손상을 줄여 줄 수 있다. 부정적인 감정을 심하게 느낄 때는 마치 감정적으로 술에 취한 상태와 같다. 이러한 상황에서 뇌가 전달하는 정보는 상당히 왜곡되어 있으며 이러한 잘못된 피드백을 신뢰하면 인생을 망치는 잘못된 결정으로까지 발전할 수 있다. 믿음과 마음의 평정을 지키라. 부정적인 구름이 거둬지면(구름은 반드시 거둬질 것이다!) 해결책은 더욱 뚜렷하게 보이기 마련이다.

이 세 가지 전략들을 기억하라. 부정적인 감정에 책임지고, 부정적인 감정들을 굶기고, 좀 더 신중해질 필요가 있을 때는 잠깐 뒤로 물러나라. 그러면 더 큰 기쁨을 누릴 것이다.

## 4:8 원리 실행하기 ········································

### 생각연습하기 36

당면한 어려움 또는 계속 기분이 안 좋은 상황들을 생각해 보라. 오늘 벌어지는 상황에 대한 책임을 받아들일 수 있는 세 가지 방법을 써 보라.

### 한 발짝 깊이 들어가기

중요한 사람(당신의 자녀일 수도 있다)이나 그룹(주일학교 반 아이들일 수도 있다)을 찾아보라. 그리고 오늘의 챕터를 참고해 감정을 다스리는 문제를 가르쳐 보라. 가르칠 내용의 개요를 정리하고 당신의 삶에서 찾아낸 좋은 사례와 이 책의 내용 중에서 가치 있다고 생각되는 아이디어들을 잘 연결시켜 당신 스타일로 가르쳐 보라.

### 마음에 새기기(쪽지에 써 붙이자)

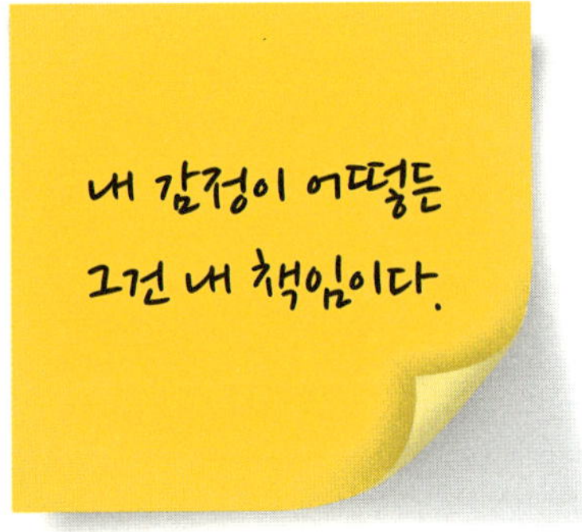

### 오늘의 기도

하나님 아버지, 인생 전체에 걸쳐 해야 할 감정을 다스리는 씨름에 감사합니다. 오늘 큰 그림을 보게 하시고 지혜와 은혜를 마음에 품고 힘든 상황들과 까다로운 사람들에게 반응하도록 도와주세요.

# 정신력을
# 사용하는 사람

## −집중력의 기쁨

우리는 생각한다. 우리는 느낀다. 우리는 행동한다. 우리는 존재한다.

우리는 생각을 바탕으로 이런저런 감정을 느낀다. 이러한 느낌의 결과 우리는 어떤 행동을 하게 된다. 그리고 이러한 행동들이 쌓여서 우리의 삶에 어떤 상황을 만들어 낸다. 사실 우리는 자신의 멘탈리스트들이다. 우리에게 초능력이 있어서가 아니라 우리가 무엇을 생각할지를 선택할 수 있기 때문이다.

CBS방송국 텔레비전 드라마 "멘탈리스트"에 나오는 주인공인 패트릭 제인은 전직 심리영매사였으며 자신의 정신력을 사용해서 수사관들의 사건 해결을 돕는다. 아이러니하게도 제인은 정신력이라는 것을 믿지 않았기 때문에 한때 영매사로 살면서 자기의 특별한 능력으로 사람들을 속이고 사기를 쳤다. 그럼에도 그는 아주 날카로운 관찰자가 되어 인간의 본성을 이해하고 자신의 특별한 정신적인 능력을 지렛대처럼 사용함으로써 기민하게 상황을 분석해 범죄 심리를 파헤치는 것을 도와준다.

물론 우리에게는 이 드라마 주인공처럼 특별한 능력이 필요하지는 않다. 우리는 그저 우리에게 이미 있는 것을 잘 사용하기만 하면 된다. 아주 소수의 사람만이 이러한 정신적 능력을 사용하기 때문에 그것이 활용될 때는 아주 특별한 인상을 준다. 우리는 자신을 둘러싼 세계를 만들어 낼 수 없고 또는 기분도 직접 만들어 낼 수 없지만 생각을 선별함으로써 간접적으로 정신력을 활용할 수 있다. 우리는 자신이 무엇을 생각할지를 다양한 등급으로 주도할 수 있다. 우리는 어떤 생각을 자주 그리고 계속 즐길 것인지 신중하게 선별함으로써 인생을 쓰레기처럼 만들 수도 있고 기쁨이 넘치는 것으로 만들 수도 있다.

정신 훈련은 주변이 아무리 요동을 쳐도, 아무리 여러 가지 것에 마음을 빼앗겨도 계속 생산적인 생각을 하게 해 주는 기술이며 이 기술은 습득하는 것이다. 이 과정에는 계속 위를 향해 나아가는 것이 요구된다. 잘 알다시피 정신 훈련은 감정 훈련을 앞선다. 높은 수준의 정신 훈련을 하면 목표를 더 빨리 이루고, 기쁨을 더 크게 경험하며, 재미를 더 많이 느끼며 살 수 있다. 사실 중요하고 의미 있는 목표는 무엇이든 정신적으로 훈련만 되어 있으면 도달할 수 있다.

정신 훈련이 되어 있지 않으면, 상대적으로 쉬운 목표도 큰 부담이 된다. 정신 근육이 약하면 감정생활은 제멋대로가 될 것이고 예측할 수 없는 상태가 된다. 정신적 게으름은 위대해질 수 있는 잠재력을 조금씩 갉아 먹는다. 처음에는 내면이고 그 다음에는 외면이다.


아주 남다른 이러한 집중력은 네 가지 요소들과 관련이 있으며 이것들은 전부 의도적으로 연마되어야 한다.

첫 번째는 명확성이다. 장·단기적으로 무엇을 달성하려는지 명확히 정해야 한다. 무엇을 향해 쏠 것인지 구체적인 타깃이 없다면 당신의 생각 생활은 단기적인 목적들이 있거나 없거나에 따라 들쑥날쑥할 것이다. 비즈니스 제안서를 쓴다든지 혹은 골프 스윙 실력을 향상시킨다든지와 같이 지금 현재 무엇을 할 것인지를 아는 것, 그리고 연간 소득을 올린다든지 또는 특정 골프 핸디캡에 도달하는 것과 같이 장기적으로 무엇을 달성하려고 하는지를 아는 것은 매우 중요하다. '현재 목표들'이 '나중 목표들'과 동일 선상에 있을 때 당신은 정신 훈련을 위한 최고의 상태에 있는 것이다.

두 번째는 집중력이다. 그것은 현재의 순간에 얼마나 집중하는지 그리고 현재 중요한 것에 얼마나 총력을 기울이는지에 관한 것이다. 백퍼센트에 미치지 못하는 집중력은 마음이 이리저리 산만하게 흩어진다는 것을 뜻하며 두 마음을 가지고 있다는 것을 뜻한다. 관심이 이리저리 흩어지는 것은 잠재력만 갉아먹을 뿐이다. 이런 면에서 멀티태스킹은 순수한 집중을 방해하는 최악의 요소다. 또 다른 일반적인 함정은 몸은 집에 있으면서 생각은 사무실에 있는 것이다. 주의 산만함은 '어떤 순간을 놓치는 데서' 주로 온다. 이제는 어떻게 해 볼 수 없는 과거의 일에 집착하거나 또는 미래의 상황에 대해 염려하는 것이 그런 것이다. 집중력을 키워라.

세 번째는 자신감이다. 자신감은 특정 목표에 도달하는 자신의 능력을 믿는 것이다. 자신감은 실제 성취한 것에 뿌리를 두지만 과거의 성과만이 자신감을 키우고 또 유지하게 해 주는 것은 아니다. 자신감은 철저한 준비, 승리의 순간, 긍정적인 기억 그리고 완벽이 아니라 점진적인 진전에 초점을 둠으로써 자라난다. 긍정적인 기억들을 가지려면 매주 자신이 가장 잘 이뤄낸 것을 생각하고 그것을 기록해 두라. 다른 말로 하면 4:8 생각을 하라는 것!

네 번째는 도전하는 것이다. 도전은 자신에게 어느 정도의 수준을 기대하고 요구하는 것이다. 정신 훈련은 목표를 이루도록 힘을 모아 준다. 큰 목표들은 아직 사용해 보지 않고 비축해 둔

것을 방출해서 예견하지 못했던 돌파구를 뚫게 하는 반면 작은 목표들은 표면에 드러난 잠재력을 모아 준다. 대부분 사람들은 자판기를 사용할 때처럼 단추만 누르면 문제가 해결되는 쉬운 방법을 원한다. 그들은 '최소한' 또는 '이 정도면 충분하다'는 식의 표현을 좋아한다. 그들은 막상 자신은 부담스러운 순간을 회피하면서도 투사가 필요한 세상의 상황에는 스포트라이트를 비추며 에너지를 소비한다. 아이러니하게도 우리의 자아는 위험지수가 아주 높을 때, 데드라인이 다가올 때, 게임이 막바지를 향할 때 최고의 면모를 드러낸다.

따라서 이럴 때 우리의 자아에 정신 훈련이 이루어진다. 그러므로 정신 훈련을 요구하는 그런 기회를 적극 구하라. 그렇게 할 때 거기서 보화를 발견하고 감탄하게 될 것이다. 우연히 최고의 성과를 누릴 수 있는 사람은 아무도 없다. 정신 훈련에 통달할 때 당신은 마치 세계적인 실력을 갖춘 운동선수처럼 언제든 원하기만 하면 최고의 모습을 보여 줄 수 있을 것이다.

# 4:8 원리 실행하기

### 생각연습하기 37

오늘은 현재 당신이 처한 인생의 상황을 전체적으로 생각해 보라. 그리고 두 개의 짧은 목록을 작성해 보라. 한 목록에는 인생에서 최소화하고 싶은 것 세 가지를, 두 번째 목록에는 인생에서 증대시키고 싶은 것 세 가지를 써 보라. 두 번째 목록은 밝은 색 형광펜을 사용해서 강조하라.

### 한 발짝 깊이 들어가기

앞으로 6주 동안 달성, 향상, 긍정적인 경험, 깨달은 순간, 칭찬받은 것 등 목표를 향한 매일의 진행 과정을 포착해서 기록해 보라. 그리고 그것을 가능한 한 자주 읽어라.

 **마음에 새기기(쪽지에 써 붙이자)**

 **오늘의 기도**

하나님 아버지, 생각 생활이 가진 힘에 감사합니다. 오늘 나의 생각을
주관해 주셔서 내 안에서 그리고 내 인생에서 중요한 사람들 안에서
최고의 모습을 이끌어 내게 해 주세요.

# 일상적인 또는
# 예외적인

## − 감사의 기쁨

일상적인 감사는 감사의 표준이다. 그것은 평상시 그리고 별생각 없이 나온다. 때로 그것은 피상적으로 나오기도 한다. 여기에는 선물을 받거나 도움을 받고 난 뒤에 감사하다고 말하는 것도 포함된다. 예를 들면 어떤 사람이 당신의 차가 끼어들 수 있도록 양보해 주면 그 운전자에게 고맙다고 손을 들어 표시하는 것과 같다. 어떤 사람이 당신을 위해 문을 잡아 주면 미소를 지으면서 고맙다고 말하는 것이다. 이러한 것들은 전부 일상적인 감사에 대한 전형적인 예다.

어떤 사람은 누군가가 사고를 당하거나 안 좋은 일이 생겼다는 소식을 들으면 바로 마음속으로 안도하면서 감사한다. 그것은 그들을 자족감에서 벗어나게 해 주며 자신의 생명에 대해 감사하게 하고 또 그로 말미암아 안전하다는 느낌을 누리게 해 준다. 이것 또한 일상적인 감사다. 그런데 우리가 누리는 축복들을 상기하는 데 다른 사람들의 슬픔이 필요하지 않다면 더 좋지 않을까?

오늘날의 세상은 정말 충격적일 만큼 끔찍한 소식이 아니면 어지간한 것에는 둔감해지기 쉽다. 어떤 사람이 심각한 차 사고를 당했다거나 흉악한 범죄가 일어났다는 말을 우연히 듣지만 우리는 쉽게 잊어버린다. 그냥 피상적으로 들으며 그런 것에 별로 신경쓰지 않는다. 2001년 9월 11일 미국에서 테러가 일어난 후 우리의 자유, 가족, 믿음에 대해 거의 반사적인, 그러면서도 깊은 감사의 물결이 전국적으로 일어났지만 시간이 흐르면서 벌써 둔해진 것 같다. 최소한 가족들이 그 사건에 직접 관련되지 않은 사람들은 그런 것 같다. 일상적인 감사는 그 당시에는 신실하지만 그러나 마음 깊이 관통하지는 못한다.

여기에 좋은 소식이 있다. 완전히 새로운 차원의 감사로 이동할 수 있는 선택권이 우리에게 있다는 것이다. 나는 그것을 예외적인 감사라고 부른다.

예외적인 감사는 의지적이고, 미리 앞당겨 하는 것이며, 비범하고, 4:8 원리와 일치한다. 누구나 감사할 것이 명확하게 드러나는 상황에서는 감사할 수 있다. 그러나 감사가 가득한 사람은 가시밭길처럼 험난한 상황에서도 또 아주 까다로운 사람과의 관계에서도 겨자씨만큼 잠재된 기쁨을 인식할 수 있다. 아주 작은 것에 대해서도 감사를 표현하는 것은 일상적인 감사가 끝나고 예외적인 감사가 시작되는 곳이다.

예외적인 감사는 다른 사람의 비극, 고통, 불행을 보고서야 깨닫는 감사가 아니다. 예외적인 감사는 반드시 어떤 것이 없어지고 나서야 감사하는 것도 아니다. 예외적인 감사는 바울이 데살로니가전서에서 쓴 글에서 잘 나타나 있다. "범사에 감사하라 이것이 그리스도 예수 안에서 너희를 향하신 하나님의 뜻이니라"(살전 5:18)


매일 아침, 전 세계적으로 아무 것도 모른 채 집을 나선 후로 다시는 집으로 돌아가지 못하는 사람들이 있다. 사고로, 심장마비로, 폭력으로, 그리고 예견할 수 없는 갑작스런 죽음으로. 예외적인 감사를 실천할 때 우리는 말해야 할 것을 말했다는 것과 가장 소중한 사람들에게 감사를 표했다는 것을 알고 평안을 누릴 수 있다.

예외적인 감사는 또한 우주적인 축복, 즉 우리 모두를 유익하게 하는 것들을 인식하는 것이다. 거기에는 매일 우리 모두에게 베풀어지는 일반적인 것들에 감사하는 것이 포함된다.

- 하나님의 사랑
- 우리의 몸
- 우리의 뇌
- 햇빛과 비
- 숲과 사막
- 산과 해변
- 다양한 자유
- 테크놀로지
- 인간관계
- 그 외 많은 것들

예외적인 감사는 미소, 포옹, 음악, 에어컨, 깨끗한 물, 과학, 교육, 자동차 안전벨트, 항생제, 면역체계, 두 번째 기회와 같이 아주 작은 것 같지만 작지 않은 것들에 감사를 표하는 것이다.

예외적인 감사는 다른 사람들에게 감사하는 것을 습관으로 삼는 것도 포함된다. 어떤 것의 진가가 드러나면 그 가치가 올라간다. 마찬가지로 사람들이 진심어린 감사를 통해서 진가를 인정받을 때 그들의 가치가 올라간다.

만약 인생에서 어떤 것의 가치를 높이고 싶다면 그것을 더욱 관심 있게 잘 돌보라. 만약 소중한 사람들과의 관계의 가치를 높이고 싶다면 그들을 귀하게 여기라.

배우자에게 좀 더 특별한 관심을 가지면 아내 또는 남편은 더 큰 행복감을 느낄 수가 있다. 어쩌면 자녀 또는 부모가 당신의 배려와 관심에 목말라할 수가 있다. 어쩌면 중요한 동료 또는 고객이 그럴 수도 있다. 그들이 누구든지 간에 그들을 좀 더 잘 돌봐라. 더욱 관심을 가지고 그들을 돌아봄으로써 그들을 존중하라. 그들에게 있는 좋은 점들을 계속 생각하라.

빌립보서 4장 8절의 렌즈를 통해 보라. 그 외에도 다른 사람들에게 감사하면 특별한 보너스가 따라온다. 그 보너스는 다른 사람들에게 감사하면 그들의 가치를 높여 줄 뿐만 아니라 당신의 가치도 올라간다는 것이다.

기억하라. 감사를 표현할 때 더 많은 기쁨을 누리게 된다는 것을.

# 4:8 원리 실행하기



### 생각연습하기 38

5년 후나 그 보다 더 앞으로 테이프를 돌려서 어떤 특정한 날짜를 잡아 보라. 그 시점에서 당신이 누리고 싶은 미래의 축복들을 생각해 보고 아래 칸에 여덟 가지를 써 보라.

 **한 발짝 깊이 들어가기**

지난주에 어떤 식으로든 당신을 도와준 적이 있는 친구, 가족, 동료들 중 한 사람을 생각해 보라. 그에게 감사의 문자를 보내라. 작년에 당신에게 특별한 축복으로 느껴지는 사람을 한 사람 떠올려 그에게 짧은 감사의 이메일을 보내라. 마지막으로 과거를 돌아보면서 특히 당신을 지지해 주고 격려해 준 한 사람에게 직접 손으로 쓴 감사의 편지를 우편으로 보내라.

 **마음에 새기기(쪽지에 써 붙이자)**

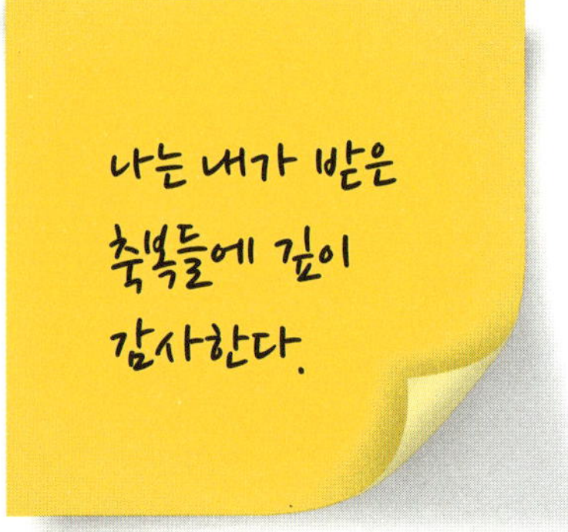

 **오늘의 기도**

주님, 당신의 선하심으로 나를 감싸 주시니 감사합니다. 오늘 내가 주변의 크고 작은 축복들을 주목해서 보고 깊이 감사하도록 도와주세요.

# 잡다한 것을 잘라 내라

## —단순함의 기쁨

잡다한 것을 없애는 과정 없이는 기쁨 가득한 삶에 대한 계획을 세울 수 없다. 단순함은 기쁨을 키우지만 지나치게 잡다한 것들은 불만을 키운다. 지나치게 잡다한 것은 삶을 복잡하게 하고, 무겁게 하고, 지치게 한다. 단순함은 인생을 편안하게 하고, 걱정 근심이 없게 하고, 활기를 북돋운다.

오늘은 잡다한 것을 최소화하기 위한 당신만의 청사진을 만들어서 기쁨을 계속 극대화하도록 해 볼 것이다. 잡동사니의 특징을 좀 더 잘 이해하기 위해 내가 자주 사용하는 잡동사니에 대한 매우 기능적인 정의를 내려 보겠다. 잡동사니란, 시간과 관심을 빼앗아 가면서도 기쁨을 더 크게 주지 못하는 것들을 총칭한다.

잡동사니는 막상 정말 중요한 것들에 관심을 갖지 못하도록
우리의 마음을 빼앗아 가며 별로 중요하지 않은 것에 신경을 쓰
게 만든다. 실제로 잡동사니는 우리의 마음을 쓰레기장으로 만
든다. 관심을 축복과 열정이 가는 곳에 쏟기보다 여러 가지 해결
되지 않은 문제들에 더 쏟게 만든다. 잡동사니는 사랑할 만하고,
순수하고, 참되고, 탁월한 것에 초점을 두기를 어렵게 만든다.

잡동사니를 설명하는 단어에는 다음의 것들이 있다.

- 정체
- 혼잡
- 복잡
- 쓰레기
- 엉망
- 미완성
- 이러저런 것들
- 소모
- 부정적인 것
- 지연
- 산만
- 지나친 관여
- 우유부단

위에 열거된 목록을 볼 때 마음에 어떤 말이나 이미지가 떠오르는가? 잡동사니(clutter)는 진수성찬을 준비하고 난 뒤 어지러워진 부엌에 남겨진 것들을 뜻하기도 한다. 이 경우 맛있는 음식은 만들었겠지만 그 과정에서 사용한 그릇들은 많이 쌓여 있을 것이다. 뭐 그리 대단한 문제도 아니다. 그렇지 않은가? 그냥 엉망진창이 된 것을 치우면 된다. 만약 이 상태에서 아직 치우지 않았는데 바로 두 번째 식사 자리가 또 시작되면 어떻게 될까? 첫 번째 식사 후에 남겨진 모든 잡동사니들이 널려진 채 일해야 할 것이다.

그런데 연이어서 세 번째 네 번째 다섯 번째 식사를 준비해야 한다면, 게다가 아직도 첫 식사 준비 후에 엉망이 된 것들을 치우지 못했다면 어떻게 되겠는가? 아마도 냄비는 지저분하고, 자주 사용하는 주걱이나 칼도 제자리에 있지 않을 것이다. 조리대는 이미 다른 것들이 다 차지하고 있어서 당신은 부엌의 다른 한 쪽 구석에 조금 공간을 만들어서 불빛이 잘 비치지도 않는 곳에서 음식을 준비해야 할 것이다. 물론 그것이 비극이라고는 할 수 없다. 그러나 그것은 지금 준비하고 있는 식사의 질에 부정적인 영향을 줄 수 있으며 요리하는 즐거움을 전체적으로 망칠 수 있다.

이러한 잡동사니들의 영향은 우리 삶에도 나타난다. 잡동사니들이 점점 쌓이면 마음에 큰 부담으로 작용해서 정리하고 치우는 것을 점점 더 뒤로 미루게 된다. 잡동사니가 쌓여 있으면 목표에는 도달할지 몰라도(요리 준비) 그것을 이루는 과정에서 엉망이 된 것을 정리하는 데 시간을 투자하지 못한다. 결과적으로 잡동사니로 주변이 엉망이 되면 주걱이 없으면 숟가락을 사용하는 등 임시방편적인 방법을 동원해야 하며 주변이 엉망진창이고 위태롭게 일해야 한다.

좋은 소식이 있다. 엉망진창이 된 것을 정리하는 순간 잘못된 곳으로 돌아갔던 관심들이 창조적이고 성장을 만들어 내는 기회로 바뀌며 원래의 목적을 회복한다는 것이다. 인생의 잡동사니를 정리하면 엄청난 기쁨 에너지가 방출된다.

이것을 좀 더 잘 이해하려면 잡동사니들을 몇 가지 카테고리로 나누어 보면 도움이 된다. 그러나 카테고리로 나눈다고 해서 잡동사니들이 그 안에만 머무를 거라고는 기대하지 마라.

영적인 잡동사니들은 종종 창조주와의 친밀감이 부족한 데서 오는 내적 평화의 결핍과 관련이 있다. 다른 말로 하면 하나님과 당신과의 사이에 뭔가 끼어든 것이다.

감정적인 잡동사니는 용서가 잘 안 된다든지 또는 그 외에 생산적이지 못한 좌절, 권태, 피로, 분노, 두려움, 염려 등과 같은 부정적인 감정이 지속되는 것이다.

정신적인 잡동사니들은 잘못된 우선순위와 관련이 있다. 중요한 것들을 뒤로 미룬다든지, 집중이 안 된다든지 또는 성품 관리보다 이미지 관리에 더 치중한다든지 등과 같은 문제다.

물리적인 잡동사니는 주변이 제대로 정리되지 않은 것과 관련 있다. 물론 주변에 잡동사니가 널브러져 있는 것 자체가 근본적으로 잘못된 것은 아니다. 문제는 주변 환경이 우리가 인생을 최대한 즐길 수 있도록 뒷받침해 주느냐 아니면 방해하느냐 하는 것이다. 현대사회의 라이프스타일은 모으고 쌓아 두려는 충동을 따라 사는 것이라 해도 과언이 아닐 것이다. 요즘 창고나 보관시설이 붐을 일으키고 있다는 것만 봐도 그렇다. 그런데 영구차가 이삿짐을 싣고 가는 것을 본 적이 있는가? 공동묘지에 이삿짐 차가 하나도 없는 데는 다 이유가 있다.

재정적인 잡동사니들은 경제생활의 부적절한 관리와 관계가 있다. 빚을 진다든지, 재정 계획이 부실하거나 아니면 그런 계획을 아예 세우지 않는다든지, 예산이 없다든지, 보험을 충분히 들어 놓지 않았다든지, 돈 문제에 대해 배우자와 의견 조율이 제대로 되지 않은 것 등이다.

법적인 잡동사니는 법적 처리와 관련된 문제들에 계획을 신중히 세우지 않고 있다든지, 소송 진행이나 유언, 기타 필요한 법 관련 서류들을 새로 정리하지 않는 등 법적으로 취약한 문제들을 적절하게 조치하는 것과 관련이 있다.

대인관계 잡동사니는 감정적으로 자주 격해지는 것들이며 중요한 사람을 향한 부정적인 감정을 마음에 담아 두는 것 또는 미래의 목표를 바라보는 데 방해가 되는 정리되지 않은 비즈니스 관계 등이다.

잡동사니가 마음에 어떻게 영향을 주는지 좀 더 잘 이해하려면 마음을 노트북처럼 생각하라. 동시에 너무 많은 프로그램을 작동하면 컴퓨터 메모리 사용량이 초과되어 버린다. 이때 처음으로 나타나는 증상은 프로그램들이 점점 느려지기 시작하는 것이다. 그 다음은 모니터 화면이 멈춘다. 마지막으로 컴퓨터가 작동을 멈추게 될 것이다. 만약 컴퓨터 용량(RAM)을 초과하면 컴퓨터는 더욱 느려지거나 정체될 것이다.

잡동사니는 우리 마음을 일부 빼앗아 간다. 그러면 마음이 흐트러지거나, 관심을 줘야 할 곳에 주지 못하거나, 시간을 정말 효율적이고 지혜롭게 사용하지 못하게 만드는 것들로 가득 차게 된다.

삐거덕거리는 인간관계, 헌신하지 않는 태도, 책임감 없는 태도, 병에 걸린 가족에 대한 걱정, 재정 관리 부실, 정돈되지 않은 주변 환경 등은 잡동사니의 다양한 형태를 보여 준다. 물론 좀 심하거나 덜 하거나 정도의 차이는 있을 수 있지만 앞서 언급한 모든 것들은 우리의 마음을 산만하게 하는 데 작용하는 것들이다.

그렇지 않으면 좀 더 생산적인 목표를 위해 사용될 수 있는데 말이다.

어쩔 수 없는 잡동사니들도 있다. 그것은 인간이 살아가는 과정에서 부득이하게 생기는 것들이다. 문제는 잡동사니 자체가 아니라 그것을 효과적으로 관리할 수 있는 시스템이 있느냐 하는 것이다. 특히 이것을 더욱 부채질하는 요소가 있는데, 그것은 마치 알을 까듯이 잡동사니들을 계속 만들어 내고 더욱 복잡하게 만든다. 그것은 다름 아닌 명확성의 결여다. 삶의 방향성이 명확하지 않을 때 우리는 옳은 것에는 싫다고 하고 틀린 것에는 좋다고 하면서 변덕스러운 결정들을 연이어 내리게 된다. 이런 정신적 줄다리기를 하면서 마음에 부담을 느끼다 보면 지나치게 시간을 끌거나 비용을 허비할 가능성이 있다.

해결책은 미리 비전을 고치는 것이다. 시간과 돈을 어디에 투자할 것인지 명확하게 하기 위해 우선순위와 목표들을 아주 명확하게 잡아 나가려는 선행적인 노력을 하라. 잡동사니들은 지혜롭지 못한 결정들, 지키지 못하는 약속들과 연결되어 삶의 전방위적인 영역으로 확장될 수 있다는 것을 염두에 두라. 따라서 새로운 일을 시작하려 할 때는 힘에 부칠 만큼 많은 일에 관여해서 나중에 후회하는 일이 없도록 먼저 최소한 하루 정도 시간을 두고 생각하기 위해 '24시간 룰'(미국이 테러 방지를 목적으로 자국에 수출입되는 모든 화물에 대해 선적 24시간 전에 화물정보 신고를 의무화

한 제도—옮긴이주)을 정하라. 이 시간 동안 기도하고 묵상하면서 그 일이 당신의 사명이나 장기 목표에 부합하는지 평가해 보라.

인생의 잡동사니들을 찾아내는 데 도움이 되는 질문들이 아래에 나와 있다.

- 나의 물건들 중에 24개월 동안 사용하지 않았던 것은 무엇인가?

- 사실 아주 중요한 일인데 하지 않고 미뤘던 것은 무엇인가?

- 현재 맡고 있는 일이나 책임 중에 처음에 심사숙고했다면 벌이지 않았을 것들은 무엇인가?

- 내 인생에서 계속 맥이 끊어지는 프로젝트가 있다면 무엇인가?

- 내가 현재 하고 있는 것들 중에서 에너지는 가장 많이 소모하는데 막상 보상은 보잘 것 없는 것들은 무엇인가?

- 내가 가장 좋아하는 일을 못하게 뒤에서 잡아당기는 일에는 어떤 것들이 있는가?

- 어떤 행동이 내 마음의 평화를 가장 증대시킬 수 있는가?


잡동사니를 없애 버리기 위한 두 가지 방법이 있다. 이 방법들은 기쁨으로 가득한 삶과 어울리는 '단순성'을 회복하도록 도와줄 것이다.

첫 번째 방법은 '깎아내기'다. 나의 삶에 중요하지도 않은데 시간과 에너지만 빼앗는 것들을 매일 조금씩 없애는 것이다. 내 삶에 도움이 안 되는 이러한 잡동사니들이 모두 사라질 때까지 말이다. 또는 눈 앞에 안 보이도록 숨기는 작업을 할 수도 있다. 이 방법을 시도하려면 하루에 9~14분 정도로 시간을 내다가 나중에는 시간을 점점 늘리는 식으로 일정을 짜 보라고 권하고 싶다. 이렇게 하면 별로 많은 시간은 아니지만 조금씩 쌓여서 하루 일과에 영향을 주지 않으면서도 원하는 것을 할 수 있다.

두 번째 방법은 '기습 공격'이다. 하루 날을 잡아 12시간에서 14시간 정도 시간을 내어 그 시간만큼은 오직 잡동사니 프로젝트를 완성하는 데만 집중하는 것이다. 이러한 방법은 특별한 성격을 가진 사람들에게는 정말 효과적이다. 특히 단조로운 재정 문제, 법적인 문제를 처리하는 데는 물론 주변 환경을 정리하는 데도 아주 효과적이다.

당신이 이렇게 하는 동안에는 인생에 잡동사니라는 생각 때문에 처음에는 별로 신이 나거나 의욕이 생기지 않을 수도 있지만 일단 잡동사니를 다 정리하고 나면 긍정적인 기분을 느낄 수 있을 것이며 에너지가 금방 생길 것이다. 모으고 비축하기보다 다른 사람들을 섬기고 베푸는 것에 집중하면 영적으로도 막힌 것이 뚫리게 되고 복잡한 데서 벗어나 자유를 느끼게 될 것이다.

# 4:8 원리 실행하기

### 생각연습하기 39

당신의 기쁨을 줄어들게 할 가능성이 있는 잡동사니 몇 가지를 찾아보라. 첫 번째 칸에는 지금 실행해야 할 세 가지 잡동사니 프로젝트를 써 보라. 그리고 오른쪽 칸에는 잡동사니의 형태(대인관계, 주변 환경, 재정 등)를 표시하고 그것을 공략할 수 있는 첫 단계를 써 보라.

| 잡동사니 | 형태 | 첫 단계 |
| --- | --- | --- |
|  |  |  |
|  |  |  |
|  |  |  |

 **한 발짝 깊이 들어가기**

잡동사니에 대해 나름대로 정의를 내려 보라. 잡동사니를 제대로 관리하려면 시간이 많이 걸린다. 살다 보면 어쩔 수 없이 표면에 드러나는 예상할 수 있는 또는 예상할 수 없는 잡동사니들을 처리하기 위해 오늘 바로 그 일정을 세워 보라!

 **마음에 새기기(쪽지에 써 붙이자)**

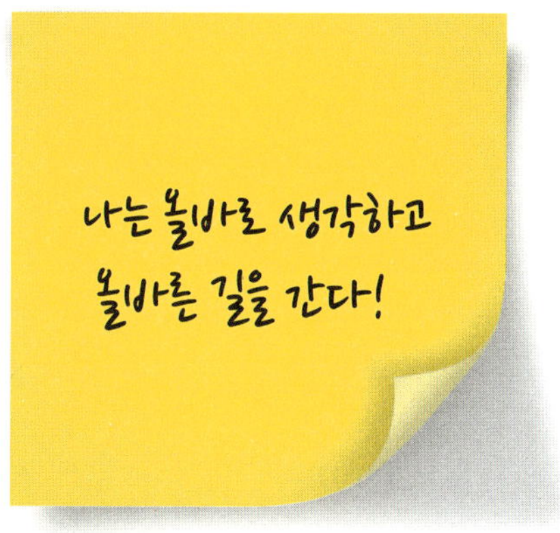

 **오늘의 기도**

하나님 아버지, 단순성이 주는 기쁨에 감사합니다. 오늘 제가 어떻게 단순하게 살며, 깊이 사랑하며 당신의 임재를 더욱 강하게 느낄 수 있는지 보여 주세요.

# 하나님이 계획한 방향으로 가라

## —하나님의 임재로 인한 기쁨

하나님의 임재로 인한 기쁨은 세상 어떤 것과도 비교할 수 없는 기쁨이다. 하나님의 임재는 놀라운 축복을 가져온다. 그것은 위로를 주며, 순결하게 하며, 힘을 주며, 감동을 주고, 사기를 북돋워 주고, 강화시켜 주며, 모든 것을 한꺼번에 고요하게 한다. 그의 임재를 경험하고도 변하지 않는다는 건 불가능하다.

그의 임재는 픽션과 진실을 구분해 내며 중요하지 않은 것들로 가득한 바다에서 중요한 것을 드러내며 우리에게 올바른 방향을 가리켜 보여 준다. 시편 16편 11절에서 "주께서 생명의 길을 내게 보이시리니 주의 앞에는 충만한 기쁨이 있고 주의 오른쪽에는 영원한 즐거움이 있나이다"라고 말한 것과 같다.

그의 임재는 우리가 어디에 뛰어들어야 하고 또 어디에서 신속히 발을 빼야 하는지 보여 준다. 우리가 추구해야 할 목표에서부터 어떻게 남는 시간을 활용할 것인지, 그리고 인간이 만든 도덕적 경계에 이르기까지 하나님의 임재는 우리가 언제 '예스!'라고 말해야 할지 언제 '노!'라고 말해야 할지를 보여 준다. 그의 임재 안에서 우리는 비전을 바로 잡을 수 있고, 진리와 세상의 거짓을 명확하게 구분할 수 있다.

기쁨을 위한 40일간의 훈련 중 마지막 날인 오늘, 기쁨을 유지하기 위해 당신이 익힐 수 있는 아주 강력한 습관 한 가지를 소개하고 싶다. 그것은 지금까지 지난 39일 동안 깊이 생각했고, 계발했고 또 연습해 온 것들과 같은 선상에 있다. 이 습관은 하나님의 임재 경험을 내적으로 계속 계발하는 것이다. 영혼을 새롭게 하는 데는 하나님의 임재에 푹 젖어 있는 것보다 더 좋은 것이 없다. 그러나 우리 대부분은 그렇게 하려면 연습이 필요하다.

하루 동안 이런저런 것들, 부담스러운 문제에 시달리다 보면 우리는 마치 기쁨과 평화의 궁극적인 근원에서 끊어진 것 같은 느낌을 받는다. 어떻게 유일하시며, 참되시며, 무소부재하신 하나님을 믿으면서도 그의 임재를 경험하지 못하는 일이 있을 수가 있을까? 무엇이 잘못된 것일까? 하나님이 우리를 버리신 것일까? 만약 하나님이 항상 우리와 함께하신다면 우리가 어떻게 하나님의 임재를 느끼지 못할 수 있을까? 물론 여기서 가장 중요한 것은, 한때 놓쳤더라도 어떻게 다시 그것을 회복할 수 있을까 하는 점이다.

우리가 배우자와 한 집에 살면서도 관계가 매끄럽지 않으면 친밀감을 느낄 수 없는 것처럼 하나님이 우리와 함께하셔도 하나님과의 친밀감을 느끼지 못할 수 있다. 하나님의 임재 안에서 살아가는 데는 연습이 필요하다. 그렇게 연습하다 보면 마음이 긍정적으로 바뀌는 것을 경험할 때가 온다.

우리는 어떻게 시련, 사소한 일, 문제, 환란 가운데 하루를 보내면서 하나님의 임재를 계속 느낄 수 있을까? 마음이 여러 가지 사소한 것들로 차 있으면 하나님을 인식하지 못할 수도 있고, 하나님이 알려 주고 싶어 하시는 중요한 것들을 깨닫지 못할 수도 있다. 그러므로 우리는 하나님의 임재를 느끼지 못하도록 방해하는 마음과 입의 습관들을 버려야 한다. 오늘 우리가 거하는 곳, 바로 그곳에서 하나님의 임재를 연습하면 계속 끊임없이 거의 반사적으로 하나님을 인식하는 지점에 도달할 수 있다.

하나님의 임재를 연습하는 데는 여러 가지 방법이 있지만 정말 효과 있는 실제적인 네 가지 방법을 소개한다.

**감사하라.** 아주 아주 크게 감사하기를 계속하라. 핸드폰에 알람을 4분 후로 설정해 놓고 축복받은 것을 큰 것이든 작은 것이든 전부 쏟아 내라. 효과를 최대화하기 위해 그 축복들을 떠올리면서 기록하라. 그 축복들을 녹음할 수도 있고 또는 컴퓨터 파일로 저장할 수도 있고 또는 일기장에 쓸 수도 있다. 매일 이렇게 해 보라. 감사 제목으로 떠오르는 인생의 여러 가지 서로 다른 조각들을 특히 강조해서 써 보라.

세부적으로 하라. 가족들에게 감사한다는 식으로 뭉뚱그려서 하지 말고 각 가족 구성원 한 사람 한 사람에 대해 감사하고 지금까지 인생을 살아오면서 깊이 감사했던 것들과 그 특징들을 써 보라. 건강한 것에 감사하되, 거기에서 더 나아가 현재 별 문제없이 기능이 잘 이루어지고 있는 각 신체 부분들로 인해 하나님께 감사하라. 이렇게 해서 받은 축복들을 계속 인식할 수 있다면 하나님을 향해 계속 열린 상태를 유지할 수 있다.

**묵상하라.** 하나님의 성품을 계속 묵상하라. 하나님의 무한한 방법과 수단을 생각해 보라! 하나님에 관한 진리 중에 알고 있는 것들을 전체적으로 묵상해 보라. 예를 들면 다음과 같다. 하나님은 사랑이다. 하나님은 전능하시다. 하나님은 어디에나 계신다. 하나님은 전지하시다. 하나님은 절대 진리이시다. 하나님은 거룩하시다. 하나님은 자비하시다. 하나님은 신실하시다. 하나님은 공의로우시다. 하나님은 불변하신다 등이다. 이렇게 하

나님을 부분적인 특징에 따라 떠올리면 창조주의 완벽하신 성
품을 묵상할 수 있는 충분한 단서를 얻을 수 있다.

하나님을 찬양하라!

하나님 아버지, 이 우주의 창조주요, 설계자요, 건축자이신
아버지를 찬양합니다. 태양을 인해, 달을 인해, 별들을 인해,
모든 항성들과 행성들을 인해 감사합니다. 아버지께서 창
조하신 모든 것들로 하나님을 찬양합니다. 나의 창조주이
신 것과 아버지의 형상과 모양을 따라 나를 지으신 것에 감
사합니다. 아버지께서 지으신 이 세계의 장엄함, 단순함, 탁
월함에 아버지를 찬양합니다. 인간 두뇌의 능력과 그 구조
의 복잡성은 측량할 수 없을 정도입니다. 인간의 몸의 신비
한 기능과 그 동시다발적인 움직임은 정말 놀랍습니다. 특
히 모든 신체 기관, 오장육부, 뼈, 피부조직, 핏줄, 무엇보다
몸의 자기 치유 능력과 자생 능력은 정말 이루 말로 다 할
수 없이 놀랍습니다.

하나님의 영광의 광채에 푹 파묻혀 자신을 잊으라. 그냥 두서
없이 이런 저런 말을 해도 괜찮다. 하나님의 장엄하심에 완전히
사로잡히라.

**소통하라.** 주님은 포도나무요 우리는 가지라는 것을 기억하

라. 만약 우리가 가지라면 포도나무에서 떨어져 나간 가지에게 무엇을 기대하겠는가? 하나님의 임재와 능력을 경험하려면 반드시 주님과 연결되어 있어야 한다. 정신없이 바쁜 일과 중에서도 이 생명의 링크를 적극적으로 유지해야 할 책임은 우리에게 있다.

의사소통을 하루 기도시간에만 하는 것으로 국한시키지 말고 하루 종일 끊임없이 기도하라. 이러한 기도는 격식 없이, 대화 형식으로 할 수 있다. 마치 친한 친구와 대화하듯이 말이다. 가장 첫 번째 우선순위는 죄를 바로 바로 고백하고 깨끗함을 받는 것이다. 잘못한 것들을 전부 즉각 모조리 자백하라. '수시로 회개하는 사람'이 되어라. 죄나 슬픔이 절대로 쌓이지 않게 하라. 무거운 짐과 어리석은 실수들을 주님 앞에 가능한 빨리 내려놓으라.

다음 단계로 하루 종일 주님의 도우심을 구하라. 주님의 피드백을 구하라. 하루 일과 중 일상적인 문제든 특별한 문제든 항상 하나님의 뜻과 방향을 구하라. 죄를 인정하든지 또는 지혜를 구하든지 항상 함께하시는 우주의 창조주과 계속 대화하라. 그렇게 할 때 매 순간을 충실히 살면서도 영원으로 연결될 수 있다.

**흠뻑 젖어들라.** 우리의 가장 큰 자산은 하나님이 우리 안에서 그리고 우리를 통해서 일하신다는 것이다. 이것은 하나님의 말씀이 우리 안에 거하실 때 가장 잘 이루어진다. 하나님의 말씀이 우리의 마음과 생각에 영구적으로 자리 잡으면 삶의 태도와 세상을 바라보는 관점이 달라진다. 말씀이 마음 안에 거할 때 힘을 얻어서, 이 세상이 원하는 대로가 아니라 하나님이 바라시는 대로 행동할 수 있고 어떤 어려움도 견딜 수 있다. 요한복음 15장 7절에서 예수님이 "너희가 내 안에 거하고 내 말이 너희 안에 거하면 무엇이든지 원하는 대로 구하라 그리하면 이루리라"라고 말씀하신 것처럼 말이다.

자신을 하나님의 임재와 능력에 맡기라. 성경 구절을 외우고 마음에 받아들임으로써 하나님의 말씀의 능력을 당신의 영혼에 쏟아부으라. 이것은 부정적이고 한계적인 생각을 몰아내고, 매우 긍정적인 하나님의 약속의 말씀이 건네는 매우 긍정적인 권면을 받아들일 때 시작된다.

삶에 휴식을 얻고 싶다면 일주일에 성경 한 구절씩 외우기를 권한다. 당신의 이름이나 또는 '나, 나를, 나의 것' 등과 같은 말을 사용해서 자신을 성경의 각 부분에 대입시켜 보고 또 좋아하는 감동적인 성경 구절에 대입시켜 보라. 그러면 성경의 각 쪽마다 하나님께서 당신을 위해 뿌려 놓으신 풍성한 영적 보화들을 취할 수 있을 것이다. 아래에는 내가 성경 말씀을 어떻게 마음 깊이 받아들였는지에 대한 몇 가지 예들이다.

● 그리스도께서 오신 것은 '나로' 생명을 얻게 하고 더 풍성히 얻게

298

하려는 것이라 (요 10:10)

- 하나님이 '나에게' 주신 것은 두려워하는 마음이 아니요 오직 능력과 사랑과 절제하는 마음이니 (딤후 1:7)
- 하나님은 '나의' 피난처시요 힘이시니 환난 중에 만날 큰 도움이시라 (시 46:1)

시편을 꾸준히 다시 읽으면 성경에 푹 빠질 수 있다. 각 성경 구절의 중요성을 천천히 그리고 깊이 묵상하면서 살아 있는 말씀을 통해 하나님께서 무엇을 전달하고 싶어 하시는지 깊이 생각하라. 이런 종류의 묵상은 강한 기도이며 고요하고 요동함 없는 마음을 만들어 준다.

시편 23편과 91편을 다시 한 번 읽는 것부터 시작하라. 그러고 난 뒤 다른 시편들을 전부 읽어 보라. 비록 성경 구절이 좀 길더라도 외우고 싶은 성경 구절 몇 가지를 골라 보라. 서두르지 말고 걱정하지도 마라. 외우는 것을 시도했다는 것 자체만으로도 마음이 편안해지는 축복을 누릴 수 있다.

하나님의 임재를 연습할수록 건강하지 않은 세상 유혹을 향한 우리의 입맛이 줄어들 것이다. 하나님이 임재하실 때 우리는 만족을 느낀다. 하나님이 임재하지 않으시면 세상 그 어떤 것도 우리를 만족시킬 수 없다. 전능하신 하나님을 대신할 수 있는 것은 아무것도 없다. 돈도, 여행도, 인기 있는 스마트폰도, 맛있는 음식도, 마약도, 술도, 성생활도, 지식도, 학문도, 엔터테인먼트도, 그리움도 아니다.

이러한 것들이 우리의 진정한 갈망을 잠시 마비시키고, 하나님의 임재가 비집고 들어갈 틈을 내주지 않을 수가 있다. 그러나 그런 것들이 일단 바닥이 나면 오직 허전한 느낌만 우리에게 남을 뿐이다.

하나님에게 깊이 심취하는 것은 건강하지 못한 열망을 잠재우며 음식, 술, 텔레비전, 그 외에 우리가 정말 갈망하는 하나님과의 관계를 멀리하게 만드는 감각적인 유혹들에 지나치게 빠지지 않도록 해 준다. 하나님의 임재 안에 거하는 것만큼 쉼, 평화, 자신감을 주는 것은 없다. 하나님의 임재 안에 거하는 연습을 할수록 빌립보서 4장 8절의 렌즈를 통해 세상을 보는 것이 점점 더 자연스러워질 것이다.

그리고 그 결과는 기쁨이다.

### 생각연습하기 40

하나님의 임재를 깊이 경험하기 위한 작은 계획을 세워 보라. 이 챕터에 실린 아이디어들을 빌리거나 또는 자신의 아이디어들을 모아 보라. 첫 번째 칸에는 포도나무에 연결되어 있을 수 있도록 매일 당신을 강

| | 영적인 습관들 | 가치 있는 이유 | 첫 단계 |
|---|---|---|---|
| 1 | | | |
| 2 | | | |
| 3 | | | |
| 4 | | | |

건하게 붙들어 주는 네 가지 영적인 습관들을 써 보라. 두 번째 칸에는 왜 각 습관들이 익힐 만한 가치가 있는지 쓰고, 세 번째 칸에는 삶에 그 습관들을 실천하기 위한 첫 번째 단계를 써 보라.

### 한 발짝 깊이 들어가기

하나님께 간단한 글을 써 보라. 먼저 현재 누리고 있는 구체적인 몇 가지 축복들로 인해 하나님께 감사를 드리라. 그리고 하나님의 임재를 깊이 경험하지 못하게 방해하는 내면의 부정적인 생각이나 옳지 못한 생각들이 있다면 무엇이든 드러내 보여 주시기를 기도하라.

### 마음에 새기기(쪽지에 써 붙이자)

### 오늘의 기도

하나님 아버지, 나의 안식처가 되시고 나의 힘이 되어 주셔서, 그리고 공기보다 더 가까이 내 옆에 계셔 주시니 감사합니다. 오늘 하루 그리고 영원히 생각을 통해 하나님께 나아가도록 나를 일깨워 주세요.

# 40일 기쁨훈련

1판 1쇄 2013년 3월 15일 발행
1판 3쇄 2018년 1월 22일 발행

지은이 · 토미 뉴베리
옮긴이 · 서진희
펴낸이 · 김정주
펴낸곳 · ㈜대성 Korea.com
본부장 · 김은경
기획편집 · 이향숙, 김현경, 양지애
디자인 · 문 용
영업마케팅 · 조남웅
경영지원 · 장현석, 박은하

등록 · 제300-2003-82호
주소 · 서울시 용산구 후암로 57길 57 (동자동) ㈜대성
대표전화 · (02) 6959-3140  |  팩스 · (02) 6959-3144
홈페이지 · www.daesungbook.com  |  전자우편 · daesungbooks@korea.com

Originally published in the U.S.A. under the title:
40 Days to a Joy-Filled Life, by Tommy Newberry
Copyright ⓒ 2012 by Tommy Newberry
Korean edition ⓒ 2013 by Daesung Co., LTD
with permission of Tyndale House Publishers, Inc. All rights reserved.

이 책의 한국어판 저작권은 알맹2 에이전시를 통하여 저작권사와 독점 계약한 ㈜대성에 있습니다.
신 저작권법에 의하여 한국 내에서 보호받는 저작물이므로 무단 전재와 무단 복제를 금합니다.

ISBN 978-89-97396-20-7 (03230)
이 책의 가격은 뒤표지에 있습니다.

Korea.com은 ㈜대성에서 펴내는 종합출판브랜드입니다.
잘못 만들어진 책은 구입하신 곳에서 바꾸어 드립니다.

이 도서의 국립중앙도서관 출판시도서목록(CIP)은 e-CIP홈페이지(http://www.nl.go.kr/ecip)와 국가자료공동목록시스템(http://www.nl.go.kr/kolisnet)에서 이용하실 수 있습니다.(CIP제어번호: CIP2013000970)